ACTIVITY FI
Lesson-specific worksheets to accompany

PLAZAS
LUGAR DE ENCUENTROS

Second Edition

Edited by
María Luque-Eckrich
DePauw University

Page Curry
Bellarmine University

THOMSON
™
HEINLE

Australia Canada Mexico Singapore Spain United Kingdom United States

THOMSON

───────*───────™

HEINLE

PLAZAS
Second Edition
Activity File
Luque-Eckrich / Curry

Printed in the United States of America by Thomson/West.
1 2 3 4 5 6 7 8 9 10   09 08 07 06 05 04

For permission to use material from this text or product,
submit a request online at http://www.thomsonrights.com.
Any additional questions about permissions can be submitted
by email to thomsonrights@thomson

ISBN: 0-8384-1078-2

Contents

PREFACE

The *Plazas* **Activity File** has been redesigned to accompany the second edition of *Plazas: Lugar de encuentros*. It is intended to help students practice and develop proficiency in the five language skills through different activities that foster creativity. The text offers a wide range of activities that are carefully coordinated with the main book, *Plazas*. The organization of the new edition is different, in that all the vocabulary exercises, grammar exercises, etc. have been placed together in separate units, making it easier for instructors to find what they need for their classes. In addition, we have added **Information Gap** activities, to encourage longer, more meaningful exchanges.

- **Vocabulario** exercises have been created to stress and reinforce the thematic words and expressions presented in each chapter. Illustrations provide a real context that helps students visualize and use new vocabulary, while conversations and situations relate it to their daily lives and allow students to use their imaginations in communicative ways.
- **Estructura y Así se dice** exercises are divided into sections corresponding to the main text. They progress from self-correcting drills of basic forms to open-ended, personalized responses.
- **¡A escribir!** sections are comprised of creative writing activities. In the new edition, they are allied to the development of the writing process developed in the textbook. The personalized activities encourage students to express themselves more freely, as they internalize the chapter vocabulary.
- **¡A leer!** sections feature such genres as simulated newspaper articles, ads, business cards, and television schedules. They present the vocabulary of each chapter in cultural contexts. In addition, they give students practice in reading information that they are likely to encounter in Spanish-speaking countries.
- **Encuentro cultural** sections, based on themes presented in *Plazas*, recapitulate cultural topics that students interpret and then compare to their own culture.
- **Juegos** that supplement each chapter provide an amusing way for students and instructors to review important grammar and vocabulary.
- **Information Gap** activities will generate longer one-on-one conversations between students. In each activity, partners exchange information in order to arrive at a conclusion. Neither knows which facts the other has received, so they must ask each other questions to elicit information. The intent is to increase both listening comprehension and communication strategies, both critical for conversation in the target language and culture.

SUGGESTIONS FOR USING THE PLAZAS ACTIVITY FILE

The exercises in the **Activity File** should be used to reinforce the vocabulary, grammar, and cultural topics once they have been presented in class. Some exercises may be assigned as homework; many are self-correcting, giving students instant feedback on their work and reducing the burden on instructors. Other exercises, such as the **Entrevistas** and **Information Gap** activities should be used to foster communication in the class, as they allow students to practice new structures in a real-life context. The **Juegos** are also dynamic in-class activities that can serve as a review for quizzes or tests, as well as a welcome change of pace. **¡A escribir!** sections serve as capstone activities, integrating vocabulary and grammar and encouraging students to express their own ideas.

We wish to express our gratitude to Heather Bradley, and the other people at Heinle Thomson, as well as the freelancers involved with this project for their helpful editorial advice and the production of this ancillary. In addition, we thank our faithful contributors who helped update this project, Kay Raymond and Rick Seybolt, and our new collaborators, Gladys Hernández and Rich Curry. Their different perspectives gave new combinations of ideas and styles to the work. Finally, much of the prior work contributed by Helga Barkemeyer, Richard K. Curry, Teri Hernández, Lina Lee, Ignacio López-Calvo, Vanisa Sellers, and Amy Zink was reworked and included in the second edition; their ideas provided us with a wealth of choices. We look forward to using the new *Plazas* **Activity File** in class, and to hearing your reactions and those of your students.

Vocabulario

CAPÍTULO PRELIMINAR ¡Mucho gusto!

VOCABULARIO Saludos y despedidas

P-1 **Opuestos** Write the word or phrase that is opposite in meaning in the space provided. Follow the model.

MODELO: ¡Hola!   *¡Adiós!*

1. Buenos días. _____

2. Hasta luego. _____

3. Estoy así así. _____

4. Chao. _____

5. Bien. _____

P-2 **¿Qué se dice?** What should you say if you met the following people? Follow the model.

MODELO: your female Spanish professor at 8:00 a.m.   *Buenos días, profesora.*

1. your best friend, Carlos, at 11:00 a.m. _____

2. your male history professor at 5:00 p.m. _____

3. your cousin at 8:00 p.m. _____

4. Mrs. Hernández and her daughter, Amalia, at 9:00 a.m. _____

P-3 **¿Cómo respondes?** Answer the following questions in an appropriate manner. Follow the model.

MODELO: ¿Cómo te llamas?   *Me llamo María.*

1. ¿De dónde es Ud.? _____

2. ¿Cómo estás? _____

3. ¿Qué tal? _____

4. ¿Cómo se llama? _____

P-4 **¡A conocernos!** Walk around the classroom and introduce yourself to several classmates you don't know. Ask each person his or her name, say that you are glad to meet him or her. Your classmates should do the same. Then say good-bye.

P-5 **Los títulos personales** You are an exchange student in Mexico. If you spoke to the following people, which title would you use?

señorita   señora   señor

1. your friend's mother   Buenos días, _____ Tamayo.

2. the president of your university   ¿Cómo está, _____ Martínez?

3. a young female secretary   Perdón, _____ .

P-6 **¡A presentarse!** Each student receives a card with a number, and then must find the other person in the class with the same number. When you find the person, greet him or her. Then ask the following questions: **¿Cómo te llamas? ¿Cómo estás? ¿De dónde eres?** You should shake hands and say **mucho gusto** as well. Afterward, you may be asked to tell the class about your classmate.

VOCABULARIO Palabras interrogativas

P-7 **Una fiesta** It's very noisy at the party, and you can't hear everything your friends are asking. Following the model, try to complete their questions.

MODELO: *¿Cómo* te llamas?
Hola. Me llamo Juan.

Raquel: Me llamo Raquel. ¿ _____ estás?

Juan: Muy bien, gracias. ¿Y tú?

Raquel: Bien, gracias. Mucho gusto.

Juan: ¿_____ eres?

Raquel: Soy de Tejas. ¿Y tú?

Juan: Soy de Miami. ¿_____ son tus amigos?

Raquel: Son Carlos y Lucía.

Carlos and Lucía arrive and interrupt the conversation.

Carlos: ¿_____ es tu número de teléfono, Raquel?

Raquel: Es 252-9607.

Juan: ¿Y _____ es tu dirección?

Raquel: 104 West Second Street.

Carlos y Lucía: Vamos a tomar algo. Hasta pronto.

P-8 **Preguntas** Read the answers the other party guests give and then write the appropriate questions. Follow the model.

MODELO: Soy de España.   *¿De dónde eres?*

1. Mi número de teléfono es 765-4589. _____

2. Hay dos mochilas. _____

3. Estoy bien. _____

4. Me llamo Bob. _____

5. Soy la profesora. _____

6. Sí, somos independientes. _____

P-9 **Hacer preguntas** Use the following question words and verbs to create six questions and the corresponding answers. Follow the model.

MODELO: ¿Cuál es tu número de teléfono?   *Es el 202-9657.*

Preguntas y verbos: ¿Qué?   ser   ¿De dónde?   tener   ¿Cómo?   hay   ¿Quién?
¿Cuánto(a)(s)?   ¿Cuál?

1. _____

2. _____

3. _____

4. _____

5. _____

Nombre _____ Fecha _____

CAPÍTULO 1 En una clase de español: Los Estados Unidos

VOCABULARIO En la clase

1-1 **Asociación** In each group, circle the word that is not related to the others.

1. la tiza   la pizarra   la profesora

2. la silla   el bolígrafo   el lápiz

3. el examen   la calculadora   la tarea

4. la pantalla   las luces   la computadora

5. el cuaderno   la mesa   el libro

1-2 **Dos salas de clase diferentes** Look at the illustration below. Following the model, list the differences between the two classrooms.

MODELO: *En la sala 1, hay una profesora. En la sala 2, hay un profesor.*

1. _____

2. _____

3. _____

4. _____

5. _____

6. _____

1-3 **Los colores de las cosas** Write in Spanish the color you associate with the following.

MODELO: _rojo_

1. _____

2. _____

3. _____

4. _____

5. _____

1-4 **Los colores oficiales** Complete the following sentences with the names of the official or typical colors according to each situation.

1. Los colores de Halloween son _____ y _____.

2. Los colores de Navidad (_Christmas_) son _____ y _____.

3. Los colores oficiales de los Estados Unidos son _____, _____ y _____.

4. Los colores de mi universidad son _____ y _____.

VOCABULARIO Las lenguas extranjeras, otras materias y lugares universitarios

1-5 **Lenguas** Which languages are taught in the Modern Language Department? Follow the model

MODELO: China _chino_

1. España _____

2. Italia _____

3. Alemania _____

4. Francia _____

5. Inglaterra _____

6. Rusia _____

7. Japón _____

8. Portugal _____

1-6 **Los cursos** Circle the course that does not belong in the category.

1. Lenguas: inglés / historia / alemán

2. Letras: matemáticas / literatura / filosofía

3. Bellas artes: música / pintura / biología

4. Ciencias naturales: derecho / química / geología

5. Estudios profesionales: computación / periodisimo / básquetbol

1-7 **Especialidades** What did the following individuals study in school? Follow the model.

MODELO: historiador
historia

1. economista _____

2. químico(a) _____

3. sicólogo(a) _____

4. educador(a) _____

5. médico _____

1-8 **Asociaciones** Write the place(s) at your university that you associate with the following.

1. el libro _____ o _____

2. un sándwich y una Coca-Cola _____

3. básquetbol _____

4. una pizarra _____

5. una secretaria _____

6. los amigos y compañeros de clase _____ o _____

1-9 **Personas y edificios de la universidad** Following the model, tell where the people are working, talking, etc.

MODELO: estudiante / biblioteca
Hay un estudiante en la biblioteca.

1. profesora / oficina _____

2. cuadernos y diccionarios / librería _____

3. estudiantes / gimnasio _____

4. oficinas / universidad _____

5. cafetería / centro estudiantil _____

6. cuartos / apartamentos _____

CAPÍTULO 2 En una reunión familiar: México

VOCABULARIO La familia

2-1 **¿Quiénes son ellos?** Define who the following people are.

MODELO: la prima   *Es la hija de mi tía.*

1. el sobrino _____

2. la abuela _____

3. la hermana _____

4. el tío _____

5. el padre _____

2-2 **Relaciones** Match the family member on the left with the corresponding person on the right.

_____ 1. el abuelo   a. el padre

_____ 2. el tío   b. el esposo

_____ 3. el primo   c. el nieto

_____ 4. la esposa   d. la sobrina

_____ 5. el hijo   e. la prima

2-3 **Entrevista** Ask your partner the following questions about his or her family.

1. ¿Cuántos hermanos y hermanas tienes?

2. ¿Cómo se llaman?

3. ¿Cuántos años tienen?

4. ¿Cómo se llaman tus padres?

5. ¿Cuántos años tienen?

6. ¿Cómo son?

7. ¿Cuál es la nacionalidad de tus abuelos?

VOCABULARIO Las nacionalidades

2-4 **Nacionalidad y lengua** Tell what the nationality of each person is, and the language he or she speaks. Follow the model.

MODELO: Yo soy de Honduras.   *Yo soy hondureña y hablo español.*

1. Pedro es de Colombia. _____

2. Hiroko (*f.*) es de Japón. _____

3. Inga e Hilda son de Alemania. _____

4. Francesca es de Italia. _____

5. Los Gómez son de Costa Rica. _____

6. Tú eres de los Estados Unidos. _____

7. Mrs. Smith es de Inglaterra. _____

8. Daesung (*m.*) es de Corea. _____

9. Li-feng (*f.*) es de China. _____

10. Los de Gaulle son de Francia. _____

2-5 **Amigos extranjeros** La familia Sánchez, a Mexican-American family, has hosted many foreign students. Tell the nationalities of their friends.

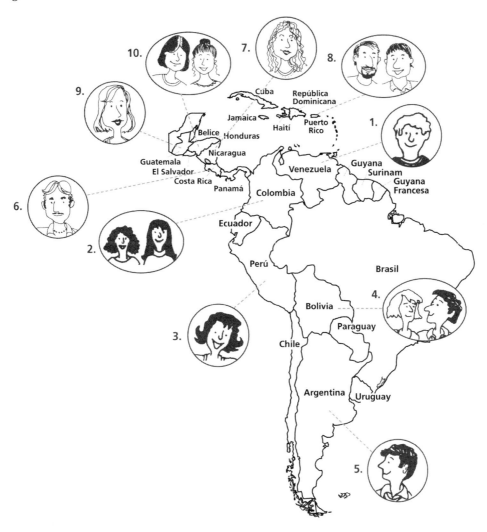

1. Beto _____

2. Adela y Berta _____

3. María _____

4. Sara y Enrique _____

5. José _____

6. Juan _____

7. Ana _____

8. Fernando y Luis _____

9. Beatriz _____

10. Cristina y Lucía _____

CAPÍTULO 3 El tiempo libre: Colombia

VOCABULARIO Los deportes y los pasatiempos

3-1 **Deportes y pasatiempos** Siguiendo el modelo, identifica los deportes o pasatiempos en cada foto.

MODELO:  *jugar al tenis*

1. _____ 2. _____

3. _____ 4. _____

5. _____ 6. _____

3-2 **Actividades en el parque** Pregúntale a un(a) compañero(a) de clase qué hacen las diferentes personas en el dibujo. Sigue el modelo.

MODELO: E1: *¿Qué hace el señor Martínez?*
E2: *Da un paseo por la calle.*

VOCABULARIO Los lugares

3-3 **Lugares en el pueblo** Pregúntale a tu compañero(a) adónde van las diferentes personas del dibujo. Sigue el modelo.

MODELO: E1: ¿Adónde va Ana?
E2: *Ana va a la tienda.*

1. la señora Torres _____

2. la señorita Delgado _____

3. Ana _____

4. la tía Marta _____

5. los niños _____

Nombre _____ Fecha _____

3-4 | **Asociaciones** ¿Con qué lugares asocias estos términos? Sigue el modelo.

MODELO: el agua
la piscina

1. el domingo _____

2. el dinero _____

3. la pizza y la Coca-Cola _____

4. las naranjas *(oranges)* _____

5. los libros _____

6. los árboles *(trees)* _____

7. las cartas *(letters)* _____

3-5 | **Entrevista** Hazle las siguientes preguntas a un(a) compañero(a) de clase. Sigue el modelo.

MODELO: ¿Cuántos restaurantes hay en tu pueblo o ciudad?
Hay siete restaurantes en mi pueblo.

1. ¿Hay un cine en tu pueblo? ¿Cómo se llama?

2. ¿Cuántos supermercados hay en tu pueblo? ¿Cuál te gusta más?

3. ¿Vas a la piscina en el verano?

4. ¿Cuándo vas al museo?

5. ¿Andas en bicicleta en el parque, o en la calle?

6. ¿Te gusta comprar frutas en el mercado al aire libre?

7. ¿Con quién vas al café?

Nombre _____ Fecha _____

VOCABULARIO La casa

4-1   **Dos cuartos diferentes** Mira con cuidado los dos dibujos y escribe qué cosas son diferentes.

MODELO: *En A hay una cama. En B hay dos camas.*

_____

_____

_____

_____

_____

_____

4-2   **Actividades en la casa** ¿En qué lugares de la casa haces las siguientes actividades?
Sigue el modelo.

MODELO: mirar la televisión   *Miramos la televisión en la sala.*

1. regar las plantas _____

2. jugar con la pelota _____

3. dormir _____

4. comer _____

5. charlar con los amigos _____

6. cortar el césped _____

4-3   **Una casa famosa** ¿Cómo es la casa de Madonna o la de Michael Jordan? Escoge una
persona famosa y describe su casa, usando el vocabulario del capítulo. Sigue el modelo.

MODELO: *La casa de Madonna tiene diez cuartos y siete baños.*

1. _____

2. _____

3. _____

4. _____

5. _____

4-4 | **¿Qué es?** Siguiendo el modelo, identifica las siguientes fotos.

MODELO:  *Es una tostadora.*

 1. _____

 2. _____

 3. _____

 4. _____

 5. _____

 6. _____

 7. _____

 8. _____

4-5 **¿Cómo ayudan estos electrodomésticos?** Escribe para qué sirven los siguientes electrodomésticos. Sigue el modelo.

MODELO: la lavadora
Sirve para lavar ropa.

1. la aspiradora _____

2. la plancha _____

3. la estufa _____

4. el refrigerador _____

5. el lavaplatos _____

VOCABULARIO Los quehaceres domésticos

4-6 **¿Qué cosas hago?** Aquí está la lista de quehaceres domésticos de Mamá. Tenemos que ayudarle a ella a hacerlos. Siguiendo el modelo, escribe el quehacer según el objeto.

MODELO: las plantas
Regamos las plantas.

1. la basura _____

2. la aspiradora _____

3. la cama _____

4. los platos _____

5. el piso _____

6. la ropa _____

7. el césped _____

8. la mesa _____

4-7 **Entrevista** Pregúntale a un(a) compañero(a) de clase con qué frecuencia hace los siguientes quehaceres. Sigue el modelo.

MODELO: ¿Cuándo preparas la comida en el microondas para tu familia?
Preparo la comida en el microondas para mi familia todas las noches.

1. ¿Haces la cama todos los días?

2. ¿Cuándo barres el piso o pasas la aspiradora en tu cuarto?

3. ¿Planchas la ropa los fines de semana?

4. ¿Cortas el césped en el invierno?

5. ¿Qué día lavas la ropa?

6. ¿Quién saca la basura todas las semanas en tu casa?

7. ¿Ayudas a tu mamá a poner la mesa los domingos?

CAPÍTULO 5 La salud: Bolivia y Paraguay

VOCABULARIO El cuerpo humano

5-1   **¿Qué partes del cuerpo usas?** Completa la frase con una palabra del vocabulario de las partes del cuerpo. Sigue el modelo.

MODELO: Hablo con   *la boca.*

1. Escribo con _____ .

2. Pienso con _____ .

3. Camino con _____ .

4. Escucho con _____ .

5. Miro con _____ .

6. Como con _____ .

7. Respiro con _____ .

8. Huelo *(I smell)* con _____ .

9. Uso _____ para masticar *(chew)* la comida.

5-2   **¿Dónde están?** ¿A qué parte del cuerpo corresponden las siguientes partes del cuerpo? Sigue el modelo.

MODELO: la mano   *La mano es parte del brazo.*

1. la boca _____

2. los dedos _____

3. las orejas _____

4. las rodillas _____

5. los dientes _____

6. el pelo _____

7. los codos _____

8. los tobillos _____

5-3   **¡Monstruosidad!** Dibuja un monstruo y luego, descríbelo a un(a) compañero(a) de clase.

5-4 **Entrevista** Hazle a tu compañero(a) las siguientes preguntas. Sigue el modelo.

MODELO: ¿Tienes nariz grande o pequeña?   *Tengo nariz grande.*

1. ¿De qué color tienes el pelo? ¿Y tus ojos?

2. ¿Tienes las orejas grandes o pequeñas?

3. ¿Usas las manos para hablar?

4. Cuando haces ejercicio, ¿qué parte del cuerpo usas más?

5. ¿Qué tomas para el dolor de estómago?

6. Cuando caminas mucho, ¿te duelen los pies?

7. ¿Por qué es malo el tabaco?

VOCABULARIO La salud

5-5 **Las medicinas** Eres farmacéutico(a) en una clínica y recibes una lista de pacientes y sus síntomas. Siguiendo el modelo, escribe qué medicina deben tomar los pacientes.

MODELO: El niño tiene náuseas.
    Tiene que tomar Pepto-Bismol.

1. La señora Chávez tiene tos. _____

2. Juan tiene catarro. _____

3. El niño tiene fiebre. _____

4. Sara está mareada. _____

5. Carlos tiene una infección en los oídos. _____

5-6 **Asociaciones** ¿Qué partes del cuerpo están afectadas por cada enfermedad? Sigue el modelo.

MODELO: el resfriado
    la nariz y los pulmones

1. el catarro _____

2. las alergias _____

3. el mareo _____

4. la tos _____

5-7 **Juego: Repaso de vocabulario** As a class, sit in a large circle. Your instructor will say a vocabulary word that starts with any letter, for example, **los pulmones,** and writes the word on the board. The first student must say another word that starts with the same letter (**el pelo,** for example), and the rest of the students continue saying words. When a student doesn't know another word, or repeats one that was already said, he/she must stand up.

To get back in the game, the student has to say a word that starts with the letter in play before the person whose turn it is. If he/she succeeds, he/she is back in the game and sits down, while the person he/she "beat" must stand up. Sometimes there will be several students standing until they can give correct words. The instructor is the referee and must be strict!

CAPÍTULO 6 ¿Quieres comer conmigo esta noche?: Venezuela

VOCABULARIO La comida

6-1 **Definiciones** Siguiendo el modelo, completa las definiciones con la palabra que se describe.

MODELO: un plato de lechuga y tomate
Es una ensalada.

1. una fruta roja y redonda _____

2. una comida que se come mucho en China, y que se sirve con frijoles en Cuba también

_____

3. un postre muy, muy frío _____

4. una carne típica para la barbacoa _____

5. una fruta tropical amarilla _____

6. la comida favorita de los ratones _____

7. una bebida que se toma mucho en Inglaterra, de origen chino _____

8. un líquido de color cristal _____

9. un marisco que se sirve en un cóctel _____

10. es blanca y se come frita con las hamburguesas _____

11. un líquido que se come con una cuchara _____

12. un postre favorito de origen español _____

13. una bebida alcohólica roja y blanca _____

14. una carne para los sándwiches _____

15. una bebida popular entre los estudiantes universitarios _____

16. una fruta tropical para jugos _____

6-2 **Una dieta equilibrada** Como indica
la siguiente pirámide, los especialistas en
nutrición hoy día recomiendan una dieta
variada pero equilibrada. ¿Tienes una dieta
equilibrada? Para saberlo, rellena la tabla
con las comidas específicas que comes bajo
cada categoría. También escribe la ración
que comes o bebes al día.

   Después compara tu dieta con la pirámide
y contesta las preguntas.

   Sigue el modelo.

Frutas

jugo de naranja: dos vasos al día
_____
_____
_____

Verduras

_____
_____
_____
_____

Proteína

_____
_____
_____
_____

Productos lácteos (de leche)

_____
_____
_____
_____

Cereales (pan, arroz, pasta, etc.)

_____
_____
_____
_____

Azúcar

_____
_____
_____
_____

1. Según la pirámide, ¿tienes una dieta bien equilibrada?

   _____

2. Según la pirámide, ¿tienes que comer más o menos de alguna comida? ¿Cuál?

   _____
   _____

6-3 **Juego** Form groups of four students. Each group uses the grid below, with numbers 1–36, and receives four buttons or pieces of different colored paper and dice. Each group chooses a leader who will read the questions corresponding to each number. Each student throws the dice and answers the question that corresponds to the number he/she throws. The other students decide whether his/her answer is correct. If it is correct, the next student takes his/her turn. If the answer is incorrect, he/she must throw the dice again and answer another question. Groups have 25 minutes to finish. The use of English disqualifies the entire group. The instructor is arbiter in cases of doubt or disagreement.

1	2	3	4	5	6
7	8	9	10	11	12
13	14	15	16	17	18
19	20	21	22	23	24
25	26	27	28	29	30
31	32	33	34	35	36

1. Nombra las tres comidas del día.
2. ¿Cuál de las comidas prefieres?
3. ¿Cuándo comes tu primera comida del día?
4. ¿Cuál es tu comida principal del día?
5. ¿A qué hora desayunas?
6. ¿Qué bebida tomas para el desayuno?
7. Nombra tres tipos de carnes.
8. ¿Qué es una arepa?
9. ¿Qué tomas con pescado?
10. ¿Cómo se llama la comida del mediodía?
11. ¿Cuál es el almuerzo que más te gusta?
12. Nombra dos tipos de jugo.
13. ¿Cómo se llama la comida de la noche?
14. ¿Tomas agua mineral con gas o sin gas?
15. Nombra tres platos principales.

16. Nombra dos postres.

17. ¿Con qué plato se termina una comida?

18. ¿Cuál es el postre que nunca es dulce?

19. ¿Qué te gusta tomar para la cena?

20. ¿En la cena, qué sopa tomas?

21. ¿En qué comida comes pan tostado?

22. ¿Con qué comes el arroz?

23. ¿Qué pones encima del pan?

24. ¿Qué pones en un sándwich?

25. ¿Qué inventó el coronel Sanders?

26. Nombra una bebida blanca.

27. ¿Qué almuerzas cuando no tienes mucho tiempo?

28. ¿Cuáles son las verduras que te gustan, y cuáles no te gustan?

29. ¿Cuál es tu plato principal favorito? Descríbelo con detalles.

30. ¿Comes algo después de tus clases? ¿Qué?

31. Nombra tres categorías que se encuentran en un menú.

32. ¿Qué se come en el Día de Acción de Gracias (Thanksgiving)?

33. ¿Con qué se acompaña la carne en México (y otros países)? Frijoles y...

34. Nombra una verdura que se pone en la pizza.

35. ¿Cómo se llama el cóctel que no se puede beber?

36. ¿Cuáles son dos condimentos que se ponen en la comida?

6-4 **Una comida** Form groups of three or four students. Each group will receive supermarket ads and twenty imaginary dollars to buy food for dinner for a family (or group) of four. Decide among yourselves what you will serve and where you will buy it. You have 30 minutes. Then one member of the group presents your decisions to the class. You may use notes. Another member of the group will write your list of purchases on the board. The rest of the group will take notes on the presentations of the other groups.

VOCABULARIO En el restaurante

6-5 **¿Qué palabra no pertenece al grupo?** Siguiendo el modelo, haz un círculo alrededor de la palabra que no pertenece al grupo.

MODELO: ¡Buen provecho!   ¡Salud!   ¡Buenas noches!

1. la cuenta   el menú   cocinar

2. almorzar   desayunar   el camarero

3. picar   caliente   ligero

4. preparar   cocinar   cenar

5. el camarero   el cliente   el cantante

6. la sal   el refresco   la pimienta

7. el vinagre   la Coca-Cola   el aceite

6-6   **Actividades en el restaurante** ¿Cuáles son los pasos que sigues en un restaurante? Pon las siguientes acciones en orden cronológico del 1 al 5.

_____ Pedir la comida.

_____ Pedir el menú.

_____ Dejar una buena propina.

_____ Preguntarle al camarero por la especialidad de la casa.

_____ Decir: «¡Buen provecho!»

6-7   **La conversación del camarero y la cliente** Completa las siguientes oraciones.

Camarero: Buenas tardes. ¿Qué desea _____ ?

Cliente: ¿Cuál es la _____ hoy?

Camarero: Es el pabellón.

Cliente: Estoy _____ ¿Tiene algo más ligero?

Camarero: Le recomiendo una ensalada de camarones. ¿Qué quiere beber?

Cliente: Agua, por favor.

Camarero: ¿Qué le _____ para el postre?

Cliente: Una ensalada de fruta.

            (Después)

Cliente: La _____ , por favor.

CAPÍTULO 7 De compras: Argentina

VOCABULARIO: La ropa

7-1   **¿Qué llevan estas personas?** Completa las oraciones con las palabras apropiadas. Según los dibujos. Sigue el modelo.

MODELO:    *El hombre lleva un traje con corbata.*

1. ¿Qué más lleva el hombre? El hombre lleva _____
    _____ .

2. La muchacha y el joven llevan _____
    _____
    _____ .

3. La muchacha lleva _____
    _____
    _____ .

4. La señora lleva _____
    _____
    _____ .

5. El señor lleva _____
    _____
    _____ .

6. Llevo _____
    _____ .

7-2 **¿Dónde te pones estas cosas?** Escribe en qué parte del cuerpo te pones los siguientes artículos de ropa o accesorios. Sigue el modelo.

MODELO: los zapatos   *Me pongo los zapatos en los pies.*

1. los aretes _____

2. la gorra de béisbol _____

3. los pantalones _____

4. el sombrero _____

5. las gafas de sol _____

6. los calcetines _____

7. los guantes _____

7-3 **Desfile de modas** Prepara un desfile de moda para tu clase. Selecciona la ropa que deben llevar o usar el hombre y la mujer para las diferentes ocasiones. Sigue el modelo.

MODELO: para la fiesta
La mujer debe llevar una falda con una blusa y el hombre debe ponerse una camisa con corbata.

1. para ir a la universidad _____

_____

2. para hacer deportes _____

_____

3. para una fiesta formal _____

_____

4. para la oficina _____

_____

VOCABULARIO De compras

7-4 **Un almacén de ropa** Completa la conversación entre tú y el vendedor usando las palabras de la lista siguiente.

algodón	cuesta	cuero	de cuadros	azul
rebajado	lana	negro	probármelo	queda

Vendedor: Buenas tardes. ¿En qué puedo servirle?

Tú: Quisiera (*I would like to*) comprar un vestido para mí.

Vendedor: ¿Busca un material o un color en particular?

Tú: Sí, en _____ y me gustaría de color _____ .

Vendedor: Lo siento, tenemos en _____ un vestido de

_____ .

Tú: ¿Puedo _____?

Vendedor: Sí. Tenemos también un abrigo de _____ en

_____ .

Tú: ¿Cuánto _____?

Vendedor: El abrigo le _____ muy bien. El precio está

_____ porque es fin de temporada.

Tú: Estupendo. Me lo llevo.

7-5 **La tienda de los tesoros** Busca las palabras escondidas en esta rejilla. Para ayudarte, aquí están algunas de las palabras en inglés.

Horizontal
credit card
clerk
check
tie
umbrella
stockings

Vertical
discount
cash
size
bargain
sunglasses
style

Diagonal
suit
dress

A	D	P	E	L	A	C	C	E	S	O	R	I	O	S	L	P	G
C	E	R	F	O	D	E	P	E	N	D	I	E	N	T	E	E	A
J	S	Y	E	V	U	N	R	S	T	E	B	A	N	T	O	N	F
A	C	L	C	H	E	Q	U	E	L	R	C	O	R	B	A	T	A
D	U	E	T	A	R	S	V	S	B	P	A	R	A	G	U	A	S
M	E	D	I	A	S	G	T	T	U	A	Y	J	L	A	P	E	D
N	N	A	V	T	R	A	T	I	L	A	J	K	E	L	O	N	E
O	T	S	O	C	J	N	L	L	D	A	Z	A	J	L	A	T	S
R	O	R	I	M	N	G	A	O	E	O	V	R	O	A	H	E	O
T	A	R	J	E	T	A	D	E	C	R	É	D	I	T	O	X	L

CAPÍTULO 8 Fiestas y vacaciones: Guatemala y El Salvador

VOCABULARIO Fiestas y celebraciones

8-1 **Sinónimos** Usa otra palabra del vocabulario para decir lo mismo. Sigue el modelo.

MODELO: reunirse
estar juntos con otras personas

1. tener mala conducta (*behavior*) _____

2. dar una fiesta _____

3. llevar un disfraz _____

4. tener miedo _____

5. hablar en voz muy alta _____

6. tener los ojos con mucha agua _____

8-2 **Costumbres** En tu clase de español hay un estudiante extranjero que no conoce las costumbres ni las tradiciones de los Estados Unidos. Para cada fiesta, escribe cuatro elementos relacionados con su celebración. Luego, escoge una de las fiestas y escribe una invitación explicándole a este estudiante qué se hace en ese día, qué se come, quiénes lo celebran, dónde se celebra y qué planes específicos tienes con tu familia o tus amigos. Sigue el modelo.

MODELO: Navidad o la Janucá
Se dan regalos, se come pavo o bistec, toda la familia se reúne en la casa de los abuelos (o de unos tíos, etc.), se canta y se habla mucho.
Invitación: *Te invitamos a nuestra fiesta de Navidad, el 24 de diciembre a las diez de la noche. Preparamos una cena especial y les damos regalos a los invitados.*

1. El Día de las Brujas _____

_____

2. El 4 de julio _____

_____

3. El Día de Acción de Gracias _____

_____

4. El Día de San Patricio _____

_____

5. Kwanza _____

_____

Invitación:

_____

_____

_____

_____

_____

8-3 **Bingo** Pregúntales a tus compañeros(as) de clase para encontrar el número de personas indicado en cada categoría. Estas personas deben firmar. La primera persona que complete cuatro cuadros en forma horizontal, vertical o diagonal gana.

Encuentra a:

dos personas que cumplen años en el invierno	tres personas que fueron a la Florida para las vacaciones de primavera el año pasado	una persona a quien le gusta decorar el árbol de Navidad	una persona que escribió una carta a Santa de niño(a)
una persona que pasó la Navidad en un país extranjero	una persona que no recordó una vez el Día de los Padres o de las Madres	dos personas que piensan que un trébol (shamrock) trae buena suerte	dos personas que siempre celebran la Navidad o la Janucá (o Ramadán) en familia
una persona que recibió un regalo o flores el Día de San Valentín	una persona a quien no le gusta la Noche Vieja	una persona que celebra una fiesta religiosa	una persona que sabe qué es el Día de la Raza
dos personas con nombres religiosos	una persona que vio una procesión	una persona que no come pavo el Día de Acción de Gracias	una persona que va a llevar un disfraz el próximo Día de las Brujas

VOCABULARIO La playa y el campo

8-4 **Identificaciones** ¿Qué hace la gente en los dibujos? Sigue el modelo.

MODELO: la pareja de cuarenta años
Camina por las montañas

1. la familia _____

2. el hombre en el agua _____

3. las chicas _____

4. la mujer en la playa _____

5. el hombre en la playa _____

6. la mujer en el agua _____

7. el jóven de 15 años _____

8. la pareja vieja _____

9. el grupo de jóvenes _____

10. la pareja de 40 años _____

11. De estas actividades, ¿cuáles te gustan? _____

_____

Nombre _____ Fecha _____

8-5 | **En la playa** Completa la narración y la conversación con palabras apropiadas de la siguiente lista.

olas	gafas de sol	hacer esnórquel	correr las olas
playa	broncearse	pasear en velero	crema bronceadora
bucear	traje de baño	tomar el sol	esquiar en el agua

Ayer Luis, Jorge y algunas amigas hicieron algunas actividades en una playa de la Costa del Sol.

Primero, se pusieron el _____ en el cuarto del hotel. Luego, salieron para

la _____ donde encontraron un buen lugar para poner sus toallas. Allí se

pusieron sus _____ y se aplicaron la _____ para protegerse

contra el sol. Entonces comenzaron a _____ para _____ bien

y descansar por una hora.

Magaly: ¡Qué día más bonito! ¿Quieres _____ Ceci?

Ceci: No, tengo miedo de esas _____. ¡Están muy grandes hoy!

Jorge: Pues, podemos _____ o _____.

Ceci: Pero las olas están muy grandes, Jorge. Nadie va a alquilarnos ni canoa ni un velero por esas olas grandes.

Luis: Bueno, podemos _____ debajo de las olas.

Jorge: Pero Luis no tienes un certificado para hacer eso.

Luis: Entonces, podemos _____. Eso no requiere ningún certificado y es muy fácil hacerlo.

Magaly: ¡Qué buena idea, Luis! Vamos a alquilar el equipo allí.

8-6 | **Los pasatiempos** En grupos, escriban cinco actividades que hacen en sus vacaciones. Usen expresiones afirmativas y negativas para describirlas.

_____

_____

_____

_____

_____

_____

_____

_____

CAPÍTULO 9 De viaje por el Caribe: La República Dominicana, Cuba y Puerto Rico

VOCABULARIO Viajar en avión

9-1 **¿Qué hacen estas personas?** Escribe qué hacen estas personas, Sigue el modelo.

MODELO: el piloto
El piloto es la persona que maneja el avión.

1. el pasajero _____
2. la asistente de vuelo _____
3. el agente de la aduana _____
4. el agente de viajes _____

9-2 **¿Para qué sirven estas cosas?** Siguiendo el modelo, escribe cómo se usan estas cosas.

MODELO: el equipaje   *Para llevar la ropa.*

1. el horario _____
2. la maleta _____
3. el boleto de ida y vuelta _____
4. el pasaporte _____
5. la ventanilla _____
6. la puerta _____
7. el pasillo _____

VOCABULARIO El hotel

9-3 **Un día terrible en un hotel de San Juan** Completa las oraciones con palabras de la siguiente lista.

cama doble	ascensor	cómodos	aire acondicionado	baño privado
cuarto	camas	llave		

Cuando Luis Muñoz llegó al hotel con su esposa, el recepcionista le dio la

_____ de su _____. Al entrar al cuarto, vio que tenía dos

_____ en lugar de una _____. Hacía mucho calor, y quiso

poner _____ _____ pero no funcionaba. Después, decidió

bajar para hablar con el recepcionista y las puertas del _____ no cerraron. Él

estaba tan enojado que bajó las escaleras y se quejó al administrador. Inmediatamente, el recep-

cionista le pidió excusas por estos inconvenientes, le ofreció la suite Presidencial, que tenía cocina

y _____ _____, y dijo: «Espero que Uds. se encuentren muy

_____ allí».

9-4   **Quejas** Escribe las quejas de cada cliente en las diferentes situaciones.

1. _____
_____
_____
_____
_____
_____
_____
_____
_____

2. _____
_____
_____
_____
_____
_____
_____
_____

9-5   **Entrevista** Pregúntale a tu compañero(a) sobre las vacaciones.

1. ¿Prefieres ir a las montañas, o a la playa para tus vacaciones?

2. ¿Te gusta viajar en avión, o en coche?

3. ¿Cuántos días tomas para tus vacaciones?

4. ¿Con quién viajas y qué haces?

5. Cuando viajas, ¿dónde te quedas?

6. Describe el hotel ideal.

CAPÍTULO 10 Las relaciones sentimentales: Honduras y Nicaragua

VOCABULARIO Las relaciones sentimentales

10-1 **¿Qué palabra no pertenece al grupo?** Haz un círculo alrededor de la palabra que no pertenece al grupo.

1. el cariño   la amistad   el ramo

2. el noviazgo   el divorcio   el compromiso

3. romper con   separarse de   salir con

4. el ramo   la cita   la flor

5. no gustar   enamorarse   querer

10-2 **El orden amoroso de la vida** Pon las siguientes situaciones en el orden cronólogico más lógico. Explica tus razones.

_____ enamorarse

_____ conocer a los padres de tu novio(a)

_____ besarse

_____ tener una cita

_____ conocer a una persona

_____ la luna de miel

_____ el noviazgo

_____ mandar las invitaciones

_____ la amistad

_____ la boda

_____ el compromiso

Explicación: _____

_____

_____

_____

_____

_____

_____

_____

_____

_____

_____

10-3 **Encuesta** Las relaciones amorosas son complicadas. En tu opinión, ¿son ciertas (C) o falsas (F) las siguientes oraciones? Explica detalladamente tu respuesta.

C   F   **1.** El matrimonio siempre termina en divorcio.

Explicación: _____

C   F   **2.** Los solteros son más divertidos que las parejas casadas.

Explicación: _____

C   F   **3.** Lo más importante en una relación es el amor.

Explicación: _____

C   F   **4.** Para comprometerse, es necesario que el novio le dé un anillo a su novia.

Explicación: _____

C   F   **5.** La boda incluye una ceremonia religiosa.

Explicación: _____

C   F   **6.** Para tener un matrimonio feliz, es necesario llevarse bien con los suegros (*in-laws*).

Explicación: _____

C   F   **7.** Las mujeres son más celosas (*jealous*) que los hombres.

Explicación: _____

C   F   **8.** Es importante tener un noviazgo largo antes de casarse.

Explicación: _____

VOCABULARIO La recepción

10-4 **Asociación** ¿Con qué palabras asocias las siguientes ideas? Sigue el modelo.

MODELO: la música   *la orquesta*

1. unas copas de champán _____

2. mucha comida elegante _____

3. los novios _____

4. tomar el ramo _____

5. las manos se golpean para producir un sonido _____

6. se acaba la música y el vino _____

10-5 **¿Qué dices o qué haces?** Completa las oraciones con la palabra adecuada según el contexto.

1. Tus mejores amigos se comprometen y tú dices: _____.

2. Tu amigo está solo y tú lo vas a _____

3. Vas a la ópera, entonces vas a _____.

4. La ópera es fabulosa; entonces, la gente se para (*stand up*) y _____ a los cantantes.

5. La novia tira el ramo y tú lo _____.

10-6 | **Preparaciones para una boda** Haz una lista de las diferentes actividades que deben preparar la familia del novio y la familia de la novia en los Estados Unidos. Sigue el modelo.

MODELO: *El novio y su familia invitan a los que participan en la ceremonia a una cena la noche antes de la boda.*

1. el novio

_____

_____

_____

_____

2. la novia

_____

_____

_____

_____

CAPÍTULO 11 El mundo del trabajo: Panamá

VOCABULARIO Las profesiones y los oficios

11-1 **Asociación** ¿Con qué profesionales asocias estos objetos? Sigue el modelo.

MODELO: los números   *el (la) contador(a)*

1. el dinero _____
2. la escuela _____
3. una computadora _____
4. el pelo _____
5. un periódico _____

6. los dientes _____
7. la comida _____
8. el baño _____
9. una foto _____
10. una fábrica _____

11-2 **Opiniones** Hazle las siguientes preguntas a un(a) compañero(a) de clase. Escribe sus respuestas para una discusión general.

1. ¿Cuáles son las profesiones más populares ahora?

_____

2. ¿Cuáles son las profesiones tradicionales de los hombres y de las mujeres?

_____

3. ¿En qué profesiones se gana más dinero?

_____

4. ¿Cuál va a ser tu profesión?

_____

5. ¿Cuál es la profesión de tus padres (hermanos, tíos, etc.)?

_____

6. ¿Cuáles son las cualidades que buscan las empresas ahora?

_____

VOCABULARIO La oficina, el trabajo y la búsqueda de un puesto

11-3 **Buscando trabajo** Pon las siguientes actividades en el orden cronológico más apropiado. ¡OJO! Debes estar preparado(a) para explicar tus respuestas.

_____ tener una entrevista

_____ jubilarte

_____ llenar solicitudes

_____ llevarte bien con la persona que te entrevista

_____ leer el anuncio

_____ mandar el currículum

_____ preguntar por los beneficios

_____ aceptar el puesto

_____ comenzar a trabajar

_____ trabajar

_____ conocer al jefe

_____ recibir una oferta

11-4 **El mundo de los negocios** Completa cada definición con las palabras de la lista.

jefe	reunión	pedir un aumento
renunciar	sueldo	beneficios
de tiempo completo	correo electrónico	puesto
currículum	despedir	informe
computadora	jubilarse	sala de conferencias

1. La _____ ha reemplazado la máquina de escribir y es una parte indispensable de toda oficina.

2. Mucha correspondencia de negocios se hace ahora usando el _____ en vez de las cartas tradicionales.

3. Cuando un empleado no es responsable, no es serio y hace mal el trabajo, es posible que el jefe lo vaya a _____.

4. Cuando un empleado es responsable, serio y hace bien su trabajo, puede _____.

5. El (La) _____ es la persona que supervisa el trabajo.

6. El _____ contiene toda la información sobre la preparación y experiencia que un empleado tiene para hacer un trabajo.

7. Tengo un _____ muy alto en la compañía, pero gano un

8. _____ muy bajo.

9. Si un empleado no está satisfecho o contento en su empleo, a veces decide _____ y buscar otro puesto.

10. Las empresas ofrecen muchos _____ como los seguros médicos, planes de jubilación, doble sueldo por horas suplementarias de trabajo, etc.

11. Buscas un trabajo _____, o sea de 40 horas la semana.

12. Normalmente, entre los 55-65 años, un empleado tiene derecho a _____ o dejar su trabajo y continuar recibiendo ciertos beneficios del gobierno.

13. Todos los jefes están en la _____ porque están discutiendo el

14. _____. Por eso, la 15. _____ es muy larga.

Nombre _____ Fecha _____

VOCABULARIO Las finanzas personales

11-5 **Cómo hacer negocios** Empareja las definiciones, usando las columnas A y B.

A	B
_____ 1. el cajero automático	**a.** una cuenta especial para ahorrar
_____ 2. la factura	**b.** la tarjeta de plástico que reemplaza el dinero en efectivo
_____ 3. el préstamo	**c.** una máquina que recibe y da dinero
_____ 4. la tarjeta de crédito	**d.** el dinero que entra y sale de una compañía
_____ 5. el cheque	**e.** el dinero que pides al banco
_____ 6. el presupuesto	**f.** un documento que se usa para pagar las cuentas
_____ 7. la cuenta de ahorros	**g.** la nota que indica cuánto debes pagar

11-6 **Los opuestos** Escribe lo opuesto de las siguientes palabras. Sigue el modelo.

MODELO: gastar   *ahorrar*

1. depositar _____

2. pagar en efectivo _____

3. prestar _____

4. de tiempo completo _____

11-7 **Preguntas personales** Contesta las siguientes preguntas.

1. ¿Qué usas, cheques o una tarjeta de crédito? _____

2. ¿Tienes una cuenta de ahorros? _____

3. ¿Tienes un presupuesto para los libros cada semestre? _____

4. ¿Les pides prestado dinero a tus amigos? _____

5. ¿Quién paga tus facturas? _____

11-8 **¡Ayúdame!**

0El año que viene, vas a Panamá con el programa de intercambio internacional de tu universidad. Ahora te preparas para el año que vas a pasar allí. La universidad te mandó el siguiente folleto sobre uno de los bancos que puedes utilizar.

BANCOLAT

BANCO DE LATINOAMÉRICA

En Bancolat te ofrecemos el capital más importante: el capital humano. Siempre encuentras gente a tu disposición que personalmente atiende tus necesidades y te brinda soluciones oportunas, rápidamente.

BANCOLAT te ofrece cuentas de depósito con los mejores intereses del mercado.

CUENTA DE AHORROS

- Monto mínimo de apertura: $50,00.
- Interés: 6,5%
- Tarjeta CLAVE con acceso a su cuenta las 24 horas a través del sistema CLAVE a nivel nacional y PLUS a nivel internacional.
- Pago de servicios públicos a través de su tarjeta CLAVE.
- Transferencia de fondos a través del sistema de pagos ACH Directo Bancolat.
- Transferencia de fondos entre cuentas.
- Pagos con facilidades de crédito, servicios públicos y consultas a través de nuestro nuevo servicio INFOLAT.

CUENTAS CORRIENTES

- Monto mínimo de apertura: $300,00
- Chequera Bancolat sin costo. Diseño personalizado ANCON.
- Tarjeta CLAVE con acceso a cuentas las 24 horas a través del sistema CLAVE a nivel nacional y PLUS a nivel internacional.
- Pago de servicios públicos a través de tu tarjeta CLAVE.
- Transferencia de fondos a través del sistema de pagos ACH Directo Bancolat.
- Pago de facilidades de crédito, servicios públicos y consultas a través de nuestro nuevo servicio telefónico INFOLAT.

BANCOLAT ha creado para ti una moderna red de servicio en la ciudad de Panamá.

Reprinted by permission of http://bancolat.com

Preguntas Contesta las preguntas según la lectura.

1. Si quieres abrir una cuenta de ahorros, ¿cuánto dinero tienes que depositar como mínimo?

_____

2. ¿Qué es el sistema CLAVE? _____

_____

3. ¿Puedes pagar las facturas mensuales electrónicamente con una de las cuentas que ofrece el

banco? _____

4. ¿Cuáles son dos de las diferencias entre la cuenta de ahorros y la cuenta corriente en este

banco? _____

_____

_____

Nombre _____ Fecha _____

CAPÍTULO 12 El medio ambiente: Costa Rica

VOCABULARIO La geografía rural y urbana

12-1 | **Asociaciones** Escribe las palabras que se asocian con los siguientes términos. Sigue el modelo.

MODELO: las flores   *los árboles, las plantas, el bosque, la selva*

1. el agua _____

2. la ciudad _____

3. la vida rural _____

12-2 | **La geografía** Siguiendo el modelo, completa las oraciones con la palabra apropiada.

MODELO: El Pacífico es un *océano.*

1. El Atlántico es un _____.

2. Niágara es una _____.

3. Redwoods es un _____.

4. El Misisipí es un _____.

5. El Empire State Building es un _____.

6. El Amazonas es un río y también es una _____.

7. Old MacDonald tenía una _____.

8. La ruta 66 y la ruta 1 son _____.

9. Chicago es una _____.

10. El metro y el bus son tipos de _____.

12-3 | **La ciudad** ¿Con qué asocias una ciudad grande? ¿Y el campo? Haz una lista de cinco cosas en cada categoría.

La ciudad	El campo
No es tranquila.	*Es tranquilo.*

12-4 **¿Qué piensas?** Tanto la vida rural, como la vida urbana tienen sus ventajas (*advantages*) y desventajas (*disadvantages*). En tu opinión, ¿cuáles son? Escribe una lista de lo que consideres ser las ventajas y desventajas de cada estilo de vida.

La vida rural

Ventajas

vivir cerca de la naturaleza
_____
_____
_____
_____

Desventajas

vivir lejos de una metrópolis y de todas las actividades sociales
_____
_____
_____
_____

12-5 **Entrevista** Hazle las siguientes preguntas a un(a) compañero(a) de clase.

1. ¿Dónde vives, en la ciudad o el campo?

2. Describe el lugar donde vives, usando cuatro adjetivos.

3. Nombra tres ventajas de vivir en la ciudad.

4. Nombra dos desventajas de vivir en el campo.

5. ¿Hay mucho tráfico donde vives?

VOCABULARIO La conservación y la explotación

12-6 **Verbos** Escribe el verbo que corresponde a cada palabra. Sigue el modelo.

MODELO: la destrucción   *destruir*

1. la conservación _____

2. el reciclaje _____

3. la protección _____

4. la contaminación _____

5. la explotación _____

6. la construcción _____

7. el desarrollo _____

8. la reforestación _____

12-7 **Sinónimos** Escoge la palabra adecuada de la lista a continuación para reemplazar la palabra subrayada. Sigue el modelo.

hay escasez de	desperdicios	petróleo	los recursos naturales
hay contaminación	energía solar	destruimos	

MODELO: La bomba dañó la carretera.   *destruyó*

1. Dañamos (*We damaged*) la capa de ozono por el uso de aerosoles. _____

2. No hay mucha comida en África. _____

3. La luz del sol es muy importante para las plantas. _____

4. México y Venezuela le venden combustible negro a los Estados Unidos. _____

5. Las fábricas arrojan muchos residuos (waste) que no utilizan. _____

6. Las riquezas de la tierra son importantes para la economía de un país. _____

7. En Los Ángeles el aire está sucio a causa de los carros. _____

12-8 **Opinión** Con un(a) compañero(a), haz una lista de cuatro cosas que se deben hacer para vivir en un ambiente puro y saludable en la universidad.

1. _____

2. _____

3. _____

4. _____

VOCABULARIO Los animales y el refugio natural

12-9 **Adivinar** Siguiendo el modelo, completa los espacios en blanco con el nombre de un animal.

MODELO: En el Génesis se habla de este animal.   *la culebra*

1. En el paraíso, Adán y Eva estaban acompañados de una _____.

2. El rey de la selva es el _____.

3. El _____ es el símbolo del partido político republicano.

4. Un animal que puede volar es un _____.

5. Winnie the Pooh es un _____ y su amigo que salta (jumps)

mucho es un 6. _____.

7. Un animal parecido al hombre es el _____.

8. La Caperucita Roja (Little Red Riding Hood) se encuentra en el bosque con un

_____.

12-10 **Categorías** Escribe el nombre de dos animales o personas en cada categoría.

1. animales peligrosos (dangerous) _____

2. animales domésticos _____

3. animales grandes _____

4. animales pequeños _____

5. personas que trabajan con animales y plantas _____

12-11 **Entrevista** Hazle las siguientes preguntas a un(a) compañero(a) de clase.

1. ¿Qué animal te gusta más y por qué?

2. ¿Tienes algún animal en tu casa? ¿Cómo se llama?

3. ¿Has visitado el zoológico? ¿Qué animal te gustó?

4. ¿Qué animales son populares entre los niños y por qué?

5. ¿Sabes un cuento sobre animales? ¿Cuál?

6. Nombra las historias de animales que son populares.

CAPÍTULO 13 El mundo del espectáculo: Perú y Ecuador

VOCABULARIO Programas y películas

13-1 **¿Qué programa es?** Identifica el tipo de programa o de película según los títulos. Sigue el modelo.

MODELO: «General Hospital», «Days of Our Lives», «Passions»   *Son telenovelas.*

1. «Oprah», «Jerry Springer», «The Rosie Show» _____
2. «Pokemón», «Batman», «The Flintstones» _____
3. «Twenty One», «Wheel of Fortune», «Greed» _____
4. «Gunsmoke», «Wild, Wild West» _____
5. *West Side Story, Cats, Rent* _____
6. «Sherlock Holmes», «Murder She Wrote» _____
7. Peter Jennings, Dan Rather, Katie Couric _____
8. *Star Wars, Blade Runner, Terminator* _____

13-2 **La televisión** Escoge la palabra apropiada para completar la oración.

noticias   dibujos animados   canales   telenovelas   película

1. En los Estados Unidos muchos niños se divierten mirando los _____ el sábado por la mañana.
2. ABC y NBC son dos _____ importantes de la industria de la televisión.
3. Los dramas muy melodramáticos de la tarde son las _____.
4. Mi abuelo acaba de comprar una nueva _____ de misterio.
5. Muchos miran las _____ por la noche para ver lo que pasa en el mundo.

13-3 **Películas** Con un(a) compañero(a) de clase, nombren una película para cada género. Sigan el modelo.

MODELO: clásica   *Lo que el viento se llevó (Gone With the Wind)*

1. de acción _____
2. romántica _____
3. documental _____
4. de horror _____
5. ciencia-ficción _____
6. extranjera _____

13-4 **Entrevista** Hazle las siguientes preguntas a un(a) compañero(a).

1. ¿Qué programa de televisión miras?
2. ¿Qué tipo de películas te gusta más?
3. ¿Cuál es tu canal favorito y por qué?
4. ¿Miras el pronóstico del tiempo antes de venir a clase?

5. ¿Qué película me recomiendas ver este fin de semana?

6. ¿Qué programas te aburren más?

7. ¿Te molestan los anuncios comerciales durante la película?

8. ¿De qué se quejan los padres acerca de las películas en la tele?

9. ¿Cuáles son tus actores favoritos?

10. ¿Qué es lo que aprecias en una película en general?

13-5 **Las películas** Contesta las siguientes preguntas según tus propias preferencias.

1. ¿Qué tipo de película te gusta mucho?

2. ¿Cómo se llama una película de ese tipo que te gusta mucho?

3. ¿Qué tipo de película no te gusta para nada?

4. ¿Por qué no te gusta ese tipo de película?

5. ¿Cómo se llama una película de ese tipo que no te guste?

13-6 **Tu programa favorito** Escribe un breve párrafo para describir tu programa de televisión favorito. ¿Cómo se llama este programa? ¿Qué tipo de programa es? ¿Por qué te gusta tanto? ¿Qué días lo ponen en televisión? ¿A qué hora lo ponen? ¿En qué canal lo ponen?

VOCABULARIO Las artes

13-7 **Personas famosas** Siguiendo el modelo, escribe qué profesión tiene cada persona.

MODELO: Carlos Santana   *Es compositor y músico.*

1. Pablo Picasso _____

2. Gloria Estefan _____

3. Julia Roberts _____

4. Plácido Domingo _____

5. William Shakespeare _____

6. Homero _____

7. Ludwig von Beethoven _____

13-8 **Definir** Siguiendo el modelo, define las siguientes palabras en oraciones completas.

MODELO: un(a) cantante
Un(a) cantante es una persona que canta canciones.

1. un(a) escultor(a) _____

2. un(a) director(a) _____

3. un(a) escritor(a) _____

4. un actor (una actriz) _____

5. un bailarín (una bailarina) _____

6. un(a) compositor(a) _____

7. un(a) dramaturgo(a) _____

13-9 **Los papeles en un drama** Roberto Luis y Carmen son estudiantes universitarios que van a participar en la presentación de un drama. Los dos tienen una conversación sobre el drama y su interés en el teatro. Escribe en los espacios las palabras más apropiadas de la siguiente lista.

actor   papel   héroe   actriz   dramaturgo   protagonista

Roberto Luis: Hola, Carmen. ¿Qué _____ te van a dar en *En la ardiente oscuridad?*

Carmen: El de Juana. Es uno de los personajes más importantes, o sea, el papel de una _____ . ¿Y tú?

Roberto Luis: El De Ignacio. ¿Y es una tragedia o comedia?

Carmen: Bueno, es una tragedia, pero el autor o el _____ , Buero Vallejo, piensa que en realidad la tragedia es optimista porque, aunque muere el _____ al final, hay esperanza de una vida mejor en el futuro.

Roberto Luis: ¿Piensas ser una _____ profesional algún día?

Carmen: No, ¿y tú?

Roberto Luis: Tal vez, aunque la vida de un _____ es bastante difícil, en mi opinión.

13-10 **Personas y obras maestras** Completa la rejilla con los nombres de personas famosas de diferentes profesiones que admiras. Sigue el modelo.

Nombre de la persona	Profesión	Persona famosa por... (¿qué obra?)
Ernest Hemingway	escritor	El viejo y el mar

Nombre _____ Fecha _____

CAPÍTULO 14 La vida pública: Chile

VOCABULARIO La política y el voto

14-1 **La política** Rellena los espacios en blanco, usando las palabras apropiadas de la siguiente lista.

partidos   votar   campaña   congreso   elecciones   republicano   elegir

En los Estados Unidos hay _____ presidenciales cada cuatro años. Los

dos _____ políticos principales son el _____ y el demócrata.

La _____ presidencial dura casi todo el año electoral hasta que por fin los

votantes van a las urnas para _____ el primer martes de noviembre.

Al mismo tiempo hay elecciones para _____ a personas para otros puestos,

tales como el de gobernador, quien administra los asuntos de un estado y los de representantes y

senadores para el _____.

14-2 **¿Qué significa?** Explica el significado de los siguientes términos. Sigue el modelo.

MODELO: los cuidadanos   *la gente del pueblo*

1. el discurso _____

2. el ejército _____

3. el voto _____

4. el (la) candidato(a) _____

5. el congreso _____

14-3 **Transformaciones** Da los verbos que corresponden a los siguientes sustantivos. Sigue el modelo.

MODELO: el voto   *votar*

1. el apoyo _____

2. la defensa _____

3. la discusión _____

4. la firma _____

5. el gobierno _____

6. la aprobación _____

14-4 **Discusión política** Con un(a) compañero(a) de clase, discutan sobre las siguientes preguntas.

1. ¿Quién es el gobernador de tu estado? ¿Es conservador(a) o liberal? ¿Demócrata o republicano(a)?

2. Cuando votas por un(a) presidente, ¿qué cualidades necesita tener él o ella?

3. ¿Escuchas los debates de los candidatos en la televisión?

4. ¿Crees todo lo que dicen en los discursos los políticos en general?

5. En tu opinión, ¿es importante apoyar al ejército?

6. ¿Debe ser obligatorio votar en las elecciones presidenciales? ¿Por qué?

7. ¿Conoces un dictador? ¿De qué país? ¿Cuáles son los aspectos negativos de una dictadura?

8. ¿Quiénes firman las leyes en tu país?

9. ¿Cuáles son los símbolos de los partidos políticos?

VOCABULARIO Las preocupaciones cívicas y los medios de comunicación

14-5 **Definiciones** Escoge la mejor difinición para definir cada palabra.

_____ 1. el analfabetismo

_____ 2. la guerra

_____ 3. la huelga

_____ 4. el terrorismo

_____ 5. la inflación

_____ 6. el impuesto

_____ 7. la manifestación

_____ 8. el desempleo

_____ 9. la igualdad

_____ 10. la política

a. el abandono voluntario del trabajo que hacen los obreros para obtener mejores condiciones

b. el arte de conducir relaciones para conseguir algo

c. la subida general de precios

d. cuando no hay trabajo

e. no saber leer ni escribir

f. el dinero que debes pagarle al gobierno

g. lo contrario de la paz

h. una protesta que hace un grupo para obtener un cambio

i. actos de violencia cometidos por ciertos grupos

j. que tienen la misma relación

14-6 **Preguntas personales** Contesta las siguientes preguntas.

1. ¿Crees que hay mucha inflación en este país? ¿En qué país hay mucha inflación?

_____

_____

2. ¿Crees que hay desigualdad entre las mujeres y los hombres?

_____

3. ¿Por qué hay crimen en las ciudades?

_____

4. ¿Pagas muchos impuestos todos los años?

_____

5. ¿Cuándo hacen huelgas los obreros?

_____

6. El analfabetismo, ¿a qué grupos de la sociedad les afecta más?

_____

7. ¿Debe los Estados Unidos participar en las guerras del mundo?

_____

8. ¿Cuáles son algunos de los derechos humanos más importantes?

_____

9. ¿Debemos limitar la inmigración a los Estados Unidos? ¿Cómo?

_____

_____

10. ¿Deben los periódicos tener libertad de la prensa? ¿Hay casos en que no se debe permitir esta libertad? ¿Por qué?

_____

_____

14-7 **Las comunicaciones** Rellena los espacios en blanco con las palabras apropiadas de la siguiente lista.

revistas	periódico	protestar	informar
Internet	reportajes	prensa	noticiero
investigar			

Podemos conseguir las noticias por varios medios de comunicación. Mucha gente lee el

_____ mientras desayuna por la mañana. Aquí aparecen muchos artículos

que ayudan a _____ sobre la situación del país. También existen

_____ como *Time* o *Newsweek* que ofrecen muchas noticias. También podemos

escuchar el _____ en la televisión. Con los satélites es ahora posible conseguir

noticias de todas partes del mundo en el _____. No obstante,

muchos critican los medios de comunicación diciendo que la _____ hace

_____ sin _____ lo suficiente, y por eso, la gente tiene

que _____ contra la falta de objetividad.

14-8 **¿Para qué sirven?** Siguiendo el modelo, escribe cómo usas estas cosas.

    MODELO: la radio   *La uso para escuchar la música mientras manejo.*

1. el Internet _____

2. el periódico _____

3. las revistas _____

14-9 **Familias de palabras** Siguiendo el modelo, escribe el verbo que corresponde a los siguientes sustantivos.

    MODELO: la investigación
           investigar

1. el aumento _____

2. la eliminación _____

3. el informe _____

4. la investigación _____

5. la protesta _____

6. la reducción _____

Nombre _____ Fecha _____

CAPÍTULO 15 Los avances tecnológicos: Uruguay

VOCABULARIO Los avances tecnológicos

15-1 **¿Cuál no pertenece?** Subraya la palabra que no pertenece al grupo.

1. el teléfono celular el fax el control remoto
2. la antena parabólica el disco compacto el estéreo
3. conectar apagar prender
4. la videocasetera el contestador automático el teléfono celular
5. la cámara la videocámara el equipo
6. el satélite la antena parabólica el disco compacto
7. la caseta de video la alarma la videocasetera

15-2 **¿Para qué sirven?** Describe para qué sirven las siguientes cosas. Sigue el modelo.

MODELO: el estéreo *Es un aparato que sirve para escuchar la música de un disco compacto.*

1. el control remoto _____
2. el satélite _____
3. el teléfono celular _____
4. la videocasetera _____
5. la antena parabólica _____

15-3 **Antónimos** Siguiendo el modelo, dé el antónimo de las siguientes palabras.

MODELO: apagado *encendido*

1. enchufar _____
2. prender _____
3. conectar _____
4. apagar _____

15-4 **¿Tienes y no tienes?** Escribe tres cosas de los avances tecnológicos que tienes en tu casa o que te gustaría tener. Sigue el modelo.

MODELO:

Tengo una videocasetera en casa. *Me gustaría tener un teléfono portátil.*

_____ _____

_____ _____

_____ _____

VOCABULARIO La computadora

15-5 | **Definiciones** Empareja las definiciones, usando las columnas A y B.

A

_____ **1.** el archivo

_____ **2.** el teclado

_____ **3.** el ratón

_____ **4.** el disquete

_____ **5.** la pantalla

_____ **6.** el escáner

_____ **7.** la impresora

B

a. máquina que está conectada a una computadora e imprime en un papel las copias

b. el aparato que permite copiar unas imágenes

c. superficie en la que aparecen imágenes en los aparatos electrónicos

d. pieza que contiene letras y signos; se usa para escribir

e. disco magnético portátil

f. mando separado del teclado de una computadora que te permite cambiar cosas en la pantalla

g. conjunto de información almacenada (stored) en un lugar

15-6 | **Los pasos** Completa las oraciones con las palabras apropiadas de la siguiente lista.

página web	abrir	navegar por la Red	teclado	impresora
conexión	ratón	disco duro	guardar	portátil

1. Para mandar un mensaje por correo electrónico debo hacer la _____ con la

línea de teléfono.

2. Cuando termino de escribir un documento siempre lo debo _____ en el

_____ .

3. Imprimo el mensaje en la _____ .

4. Si necesito buscar información, debo _____ por varias horas.

5. Mi amiga que viaja mucho tiene una computadora _____ pequeña.

6. Para ver un documento necesito primero _____ lo.

7. El _____ sirve para escribir en la computadora y el

_____ para mover y quitar letras.

8. Muchas compañías tienen una _____ para dar información o identificar

cosas.

15-7 **Preguntas personales** Contesta las siguientes preguntas.

1. ¿Cuánto tiempo gastas leyendo tu correo electrónico? _____

   _____

2. ¿A quiénes les escribes? _____

   _____

3. ¿Imprimes tus mensajes? _____

   _____

4. ¿Te gusta navegar por la Red? ¿Qué lugares visitas con frecuencia? _____

   _____

5. ¿Qué programas de CD-ROM usas? ¿Y para qué clase? _____

   _____

6. ¿Has participado en una sala de charla? ¿Cuál era el tema? _____

   _____

7. ¿Qué usas más para guardar documentos, el disquete o el disco duro? _____

   _____

8. ¿Has perdido documentos en el disco duro? _____

   _____

9. ¿Qué guardas en tus disquetes? _____

   _____

10. ¿Tienes una página web? ¿Qué te gustaría tener en ella? _____

    _____

Nombre _____ Fecha _____

Estructura y Así se dice

ESTRUCTURA I Talking about yourself and others: subject pronouns and the present tense of the verb *ser*

P-1 | **Identificar** Give the pronoun you would use to refer to the following people. Follow the model.

MODELO: el profesor   *él*

1. los estudiantes _____
2. la profesora _____
3. el muchacho _____
4. Juan y yo _____
5. Ana y Magali _____

6. las computadoras _____
7. you (un amigo) _____
8. you (un profesor) _____
9. Juan y María _____
10. I _____

P-2 | **Más pronombres** Complete the conversation below with the appropriate pronouns (**yo, tú, él, ella, Ud., nosotros, nosotras, Uds., ellos, ellas**). Follow the model.

MODELO: **Anita:** ¿Cómo está Ud., Sr. Falcón?
Sr. Falcón: Bien, gracias. ¿Y *tú*, Anita?
Anita: Bien, gracias.

Anita: ¿De dónde son Alfredo y Graciela, Sr. Falcón?

Sr. Falcón: _____ son de Suramérica. _____ es argentino, y _____ es colombiana.

Anita: Y _____, Sr. Falcón, ¿de dónde es _____?

Sr. Falcón: ¿ _____? Soy de Costa Rica.

Anita: Y la señora Falcón, ¿de dónde es _____?

Sr. Falcón: De Panamá, _____ y _____ somos centroamericanos.

Y _____, ¿de dónde eres, Anita?

Anita: _____ soy mexicana; soy de la Ciudad de México.

P-3 | **¿Quién es?** Complete the sentences below with the correct form of the verb **ser.**

1. Tú _____ Martha.
2. Juan _____ profesor.
3. Yo _____ de México.
4. Nosotros _____ estudiantes.
5. Ella _____ la señorita Gómez.
6. Uds. _____ músicos.
7. Marta y tú, Uds. _____ optimistas.

Nombre _____ Fecha _____

P-4 **Los invitados** A Cuban couple, the Ramírez, have just given a class presentation. Afterward, Claudia, one of the students in the class, is asking them questions. Complete the dialog with the correct forms of the verb **ser.**

Claudia: Buenos días, señores. ¿ _____ Uds. los Ramírez?

Sr. Ramírez: Sí, _____ los Ramírez. Me llamo Carlos, y mi esposa se llama Ana.

Claudia: Encantada. Yo _____ Claudia.

Sra. Ramírez: Mucho gusto. ¿De dónde _____ Ud.?

Claudia: _____ de Miami. ¿Y Uds.?

Sr. Ramírez: _____ de la Havana, Cuba.

Claudia: Mi abuelo (*grandfather*) _____ de Cuba también.

ASÍ SE DICE: Identifying quantities: *hay* and numbers 0–30

P-5 **¿Qué hay en mi clase?** Make a list of things or people you see in the classroom. Follow the model.

MODELO: *Hay (muchos) estudiantes en mi clase.*

1. _____
2. _____
3. _____
4. _____

P-6 **¿Qué no hay en mi clase?** Now name four items that are not in your classroom. **¡OJO!** Use the vocabulary at the end of the chapter if necessary. Follow the model.

MODELO: *No hay pájaros* (birds).

1. _____
2. _____
3. _____
4. _____

Estructura y Así se dice   Capítulo preliminar   **51**

Nombre _____ Fecha _____

P-7 **¿Cuántos(as) hay?** Following the model, tell how many people and objects you see in the illustration.

MODELO: *Hay cuatro perros.*

1. _____
2. _____
3. _____
4. _____
5. _____
6. _____

ESTRUCTURA II Telling age: the present tense of the verb *tener*

P-8 **Edades** Following the model, complete each sentence with the age of the following people.

MODELO: El profesor (30) *tiene treinta años.*

1. Yo (?) _____.
2. Tu amiga (19) _____.
3. El señor Smith (22) _____.
4. Ella (15) _____.
5. Nosotros (21) _____.
6. Juan y Carlos (29) _____.
7. Uds. (13) _____.

CAPÍTULO 1 En una clase de español: Los Estados Unidos

ESTRUCTURA I Talking about people, things and concepts: definite and indefinite articles and how to make nouns plural

1-1 **Artículo** Write the appropriate definite article in front of each noun. Then write the appropriate article and the plural form of the given noun. Follow the model.

MODELO: *el* borrador   *los borradores*

1. _____ lección   _____

2. _____ examen   _____

3. _____ hombre   _____

4. _____ lápiz   _____

5. _____ pizarra   _____

6. _____ mapa   _____

1-2 **En la sala de clase** Write the appropriate indefinite article in the spaces provided.

Hay _____ diccionario, _____ tiza, _____ sillas, _____

mesa, _____ calendario, _____ borradores y _____ exámenes.

1-3 **¿Qué hay en el cuarto?** The first student in the class names one object in the classroom.

(Hay una pizarra.) The next student must say what the previous student said and add another object. **(Hay una pizarra y seis ventanas.)** Continue until all the students in the class have had a turn or until the chain of objects is broken.

1-4 **Más artículos** For each item, write the appropriate definite article (**el, la, los, las**) on the first line, and the appropriate indefinite article (**un, una, unos, unas**) on the second line.

1. _____ domingo es _____ día.

2. _____ Ángeles es _____ ciudad.

3. _____ educación es _____ curso.

4. _____ ingeniería es _____ profesión.

5. _____ lápices son _____ objetos útiles.

ESTRUCTURA II: Describing everyday activities: present tense of regular *-ar* verbs

1-5 **Los pasatiempos** Identify each leisure-time activity in the drawings that follow with the infinitive. Then, tell what each person or group is doing. *¡OJO!* Use a different verb for each picture. Follow the model.

ellos

MODELO: bailar; *Ellos bailan.*

 ella    yo    nosotros

1. _____   2. _____   3. _____

tú   ella

4. _____   5. _____

1-6 **Lugares y actividades** Write the activities that people do in these different rooms or buildings.

1. Yo _____ en la cafetería.

2. Ella _____ en el centro estudiantil.

3. Nosotros _____ en el gimnasio.

4. Uds. _____ en la biblioteca.

5. Tú _____ en la librería.

1-7 **Entrevista** Go around the room and interview your classmates to find out who does the following activities. In the spaces provided, write down the names of the people who participate in these activities. Be ready to report your findings to the class. **¡OJO!** Remember to use the **tú** form when you address classmates who are your age and the **Ud.** form with older classmates and your instructor.

1. ¿Quién trabaja en una tienda o en un almacén? ¿En cuál? _____

_____

2. ¿Quién siempre llega tarde a clase? _____

3. ¿Quién compra los libros usados *(used)*? _____

4. ¿Quién tiene una computadora? _____

5. ¿Quién toma mucha Coca-Cola? _____

6. ¿Quién estudia matemáticas? _____

7. ¿Quién necesita estudiar más para esta clase? _____

8. ¿Quién toca un instrumento musical? _____

9. Write three activities that students do in class. _____

Yo _____

Tú _____

Mi compañero(a) _____

10. Write three activities that your instructor does in class. _____

_____

_____

1-8 **En la residencia** Complete the following sentences about Carlos and his roommates, using the correct form of the verbs provided below.

Yo _____ (ser) Carlos y _____ (estudiar) historia

en la universidad. Yo _____ (tener) dos compañeros de cuarto.

Juan _____ (trabajar) diez horas en la biblioteca y Pedro, quien

_____ (estudiar) español, siempre _____ (escuchar) música

rock. Ellos _____ (llegar) a casa muy tarde. Los fines de semana, nosotros

_____ (practicar) fútbol y _____ (mirar) la televisión.

1-9 **A mí me gusta la variedad** You like variety in your life, so write a short paragraph about what you do each day of the week. Follow the model.

MODELO: *El lunes yo como pizza en la cafetería.*

_____

_____

_____

_____

ASÍ SE DICE Expressing personal likes and dislikes: *me gusta* + infinitive

1-10 **Me gusta, no me gusta** Make a list of five things you like to do and five you do not like to do. Possibilities include:

hablar por teléfono
comprar ropa *(clothes)* nueva
estudiar a toda hora *(all the time)*
comprar libros de texto
practicar fútbol americano
pagar mis cuentas *(bills)*
tomar café

tomar exámenes
bailar en una discoteca
escuchar música clásica
visitar a mis padres
escuchar música rap
visitar a mis amigos
¿tus ideas originales?

Me gusta

_____

_____

_____

_____

_____

No me gusta

_____

_____

_____

_____

_____

ASÍ SE DICE Telling time and talking about the days of the week:
La hora y los días de la semana

1-11 **Los relojes** Write the time shown on each clock and specify **de la mañana, de la tarde,** or **de la noche.**

MODELO: *Son las tres de la tarde.*

1. _____

2. _____

3. _____

4. _____

5. _____

6. _____

1-14 **Los días** Complete the following sentences.

MODELO: Estudio *el lunes* en casa.

1. Miro la televisión _____ .

2. Bailo en el cuarto _____ .

3. Compro libros _____ .

4. Trabajo en el campus _____ .

CAPÍTULO 2 En una reunión familiar: México

ASÍ SE DICE Indicating ownership and possession: possession with *de(l)* and possessive adjectives

2-1 **La familia** Fill in the blanks below, using the correct possessive adjectives.

_____ (My) pápa es de México y _____ (his) familia vive en

Texas. _____ (My) mamá es de los Estados Unidos; _____

(her) parientes son de diferentes estados. _____ (Our) familia viaja para

visitarlos a todos. _____ (My) tías y _____ (their) esposos

viven cerca de _____ (our) casa. Siempre hacemos fiestas grandes en

_____ (their) casa.

2-2 **La venta** You and your family need to sell items in order to pay for a trip to visit your extended family. Following the model, tell what each person is selling.

MODELO: el libro / la hermana
Mi hermana vende su libro.

1. las mochilas / el hermano

_____

2. el reloj / los abuelos

_____

3. la calculadora / la tía

_____

4. el pájaro / nosotros

_____

5. los diccionarios / Mamá

_____

6. el escritorio / yo

_____

7. la computadora / tú

_____

ESTRUCTURA I Describing people and things: common uses of the verb *ser*

2-3 | **Identificaciones** Complete the sentences, using the appropriate forms of the verb **ser.**

1. Los abuelos _____ simpáticos.

2. Hoy _____ martes.

3. Nosotros _____ de Cuba.

4. Yo _____ el hijo.

5. Uds. _____ músicos.

6. _____ las dos de la tarde.

7. México _____ un país grande.

8. El perro _____ de mi hermano.

9. Tú _____ mi amigo.

10. ¿Quién _____ Ud.?

2-4 | **Opiniones** Ask your partner the following questions. Note his or her answers so that you can report to the class.

1. ¿Cuál es tu día favorito? ¿Por qué?

_____

2. ¿Quién es tu actor o actriz favorito(a)? ¿Cómo es?

_____

3. ¿Cuál de tus primos te gusta más? ¿Cómo es?

_____

4. ¿Cuál de tus clases es más difícil?

_____

5. ¿Eres atlético(a)?

_____

ASÍ SE DICE Describing people and things: agreement with descriptive adjectives

2-5 | **Descripciones** Choose an appropriate adjective to describe each person below.

sincero(a)(s)	optimista(s)	interesante(s)
inteligente(s)	pesimista(s)	atlético(a)(s)
cómico(a)(s)	independiente(s)	lindo(a)(s)

1. Los estudiantes son _____.

2. Jay Leno es _____.

3. Sammy Sosa es _____.

4. Mi papá es _____ y _____.

5. Mi mamá y yo somos _____.

6. ¿Y tú? _____.

2-6 **¿Cómo son?** Using adjectives from the list below, describe the people and pets that live in Anita's house.

alto(a)   bonito(a)   feo(a)   grande simpático(a)
malo(a)   delgado(a)   bajo(a)   trabajador(a)
nuevo(a)   perezoso(a)   antipático(a)   guapo(a)
gordo(a)   viejo(a)   bueno(a)   pequeño(a)

MODELO: Anita es estudiante.   *Ella es joven y trabajadora.*

1. El señor Camacho es dentista. El es _____ y
   _____ .

2. El gato de los Camacho es _____ y
   _____ .

3. La señora Camacho es arquitecta. Ella es muy
   _____ .

4. Raúl, el hermano de Anita es _____ y un poco
   _____ .

5. El perro de los Camacho, que se llama Bandido, es
   _____ .

6. Sara es la hermana de Anita y Raúl, y ella es muy
   _____ .

ESTRUCTURA II Describing daily activities at home or at school:
Present tense of *-er* and *-ir* verbs

2-7 **Mi hermana** Cristina's sister, Ana, is a college student. Complete the following paragraph to find out more about her.

Mi hermana Ana _____ (asistir) a la universidad. Ella _____

(creer) que sus cursos son fáciles. En su clase de inglés, _____ (escribir) com-

posiciones todas las semanas. En la clase de historia, los estudiantes no _____

(leer) mucho; por eso no _____ (comprender) las lecturas. Ana

_____ (leer) su tarea y _____ (recibir) buenas notas.

2-8   **¿Quién hace estas cosas?** Following the model, tell what each of the various family members do.

MODELO: sobrino / abrir la puerta
Mi sobrino abre la puerta.

1. abuelo / comer mucho

_____

2. primas / asistir al colegio

_____

3. mamá / escribir cartas

_____

4. tú / beber café

_____

5. el esposo de la tía Marta / aprender francés

_____

6. el gato / deber comer

_____

ASÍ SE DICE Expressing possession and physical states: common uses of the verb *tener*

2-9   **Problemas en mi familia** Tell what problem each family member has, due to his or her situation. Use the verb **tener** and one of the following expresiones: **razón, sueño, hambre, sed, éxito,** or **prisa.** Follow the model.

MODELO: Mi abuelo trabaja hasta las 11:30 p.m.
Él tiene sueño.

1. Mis hermanas no comen.

_____

2. La tía Pepa no descansa mucho por la noche.

_____

3. Yo tengo clase a la 1:00 y son las 12:55.

_____

4. Mi hermano recibe buenas notas en sus clases.

_____

5. Nosotros no bebemos refrescos.

_____

6. Mi papá siempre tiene la respuesta correcta.

_____

2-10 **Reacciones** What do the following people do in these situations? Follow the model.

MODELO: Cuando tenemos sueño, *bebemos Coca-Cola o café.*

1. Cuando tenemos hambre, _____.

2. Cuando tú tienes sed, _____.

3. Cuando tus amigos(as) tienen sueño, _____.

4. Cuando tu hermano(a) tiene prisa, _____.

5. Cuando tu amigo no tiene razón, _____.

6. Cuando Uds. tienen éxito, _____.

7. Cuando tus padres no tienen que trabajar, _____.

ASÍ SE DICE Counting to 100: *los números de 30 a 100*

2-11 **Problemas de matemáticas** Do the following math problems, and write the answers in Spanish. Follow the model.

MODELO: $50 + 11 =$ *sesenta y uno*

1. $30 + 25 + 2 =$ _____

2. $15 + 40 + 5 =$ _____

3. $100 - 35 =$ _____

4. $75 - 22 =$ _____

5. $5 \times 8 =$ _____

6. $9 \times 10 =$ _____

2-12 **Números de teléfono** Ask your classmate to tell you the telephone numbers of the following friends, family members, and university employees. Following the model, write down his or her answers.

MODELO: ¿Cuál es el número de teléfono de tu casa?
Es seis, cincuenta y tres, noventa y seis, cero, siete.

1. tu amigo(a)

_____

2. tus abuelos

_____

3. tu compañero(a) de clase

_____

4. tu profesor(a) de español

_____

5. la universidad

_____

6. tus padres

_____

CAPÍTULO 3 El tiempo libre: Colombia

ESTRUCTURA I Expressing likes and dislikes: *gustar* + infinitive and *gustar* + noun

3-1 **Los gustos** Completa el cuadro con las cosas que te gustan o no. Después averigua *(find out)* qué le gusta o no a tu amigo(a), y por último, lo que les gusta o no a Uds.

Yo	Mi amigo(a)	Nosotros	
No me gusta el invierno.	A mi amigo no le gusta el invierno.	A nosotros no nos gusta el invierno.	el invierno
			el verano
			las fiestas
			el fútbol
			el baloncesto
			los conciertos

3-2 *Gustar* + **infinitivo** Escribe seis oraciones que describan lo que te gusta hacer, dónde, con quién y cuándo, usando uno de los elementos de las cuatro categorías. Sigue el modelo.

MODELO: *Me gusta ir de compras en el centro comercial con mi hermano, en julio.*

¿Qué?	¿Dónde?	¿Con quién?	¿Cuándo?
sacar fotos	el parque	mis amigos	la primavera
tomar el sol	el centro comercial	mi novio(a)	julio
bailar	la piscina	papá y mamá	el verano
ir de compras	las fiestas	mi hermano	Diciembre
hacer ejercicio	la calle	mi amigo(a)	marzo

1. _____

2. _____

3. _____

4. _____

5. _____

3-3 | **Entre amigos** Completa el dialógo entre Anita y Carlos usando **me, te, le, nos** y **les.**

Carlos: ¿Qué deportes _____ gusta practicar, Anita?

Anita: _____ gusta jugar al tenis y caminar en el parque.

Carlos: También _____ gusta caminar a mi hermano y a su esposa.

Anita: ¿A ella _____ gusta hacer tanto *(as much)* ejercicio como a nosotros?

Carlos: No, a nosotros _____ gusta hacer más ejercicio.

ESTRUCTURA II Expressing plans with *ir: ir a* + destination and *ir a* + infinitive.

3-4 | **Contracciones** Completa las oraciones con la(s) palabra(s) correcta(s): **de, del, de la, de los, de las, al, a la, a los** o **a las.** Sigue el modelo.

MODELO: Él va *al* estadio.

1. Necesito ir _____ banco, para ver al señor Gómez. Su oficina se abre _____ una de

   la tarde y se cierra _____ 5:00 de la tarde.

2. Las fotos _____ partido son bonitas.

3. El alumno _____ México va _____ cine con nosotros _____ 6:00 de la tarde.

4. El libro _____ profesor es más grande que los libros _____ alumnos.

5. ¿Cuál es el más famoso _____ hermanos Jackson? Michael es el más célebre _____

   familia Jackson.

3-5 | **¿Adónde van?** Siguiendo el modelo, escribe oraciones completas, usando el verbo **ir. ¡OJO!**
Recuerda: **a** + **el** = al.

MODELO: mi hermano / museo
Mi hermano va al museo.

1. Ud. / la tienda _____

2. tu papá y mamá / el supermercado _____

3. tú / la iglesia _____

4. yo / el banco _____

5. nosotros / el cine _____

6. Uds. / el restaurante _____

7. tú y tu novio(a) / la plaza _____

ESTRUCTURA III Describing leisure-time activities: verbs with irregular *yo* forms

3-6 **Carlota Martínez: Atleta** Conjuga los verbos entre paréntesis.

Me llamo Carlota Martínez. Yo _____ (ser) una amiga de Anita Camacho. Yo _____

(tener) 30 años. Los sábados por la mañana _____ (salir) de la casa y _____ (ir) al

parque Minerva para correr. Frecuentemente, cuando _____ (hacer) ejercicio _____

(escuchar) música rock, porque me gusta mucho. En el parque _____ (conocer) a otras

personas que montan en bicicleta, corren y caminan. Yo _____ (saber) jugar al tenis bien

porque _____ (tomar) clases en la universidad.

3-7 **Preguntas personales** Contesta las siguientes preguntas en oraciones completas.

1. Normalmente, ¿a qué hora sales para tus clases? _____

2. ¿A qué hora vas a tu clase de español? _____

3. ¿A quién conoces bien en la clase? _____

4. ¿Tú le das dinero a la profesora? _____

5. ¿Pones música rock? _____

6. ¿A qué hora ves al profesor(a) de español? _____

7. ¿Estás en casa después de clase? _____

8. ¿Qué traes a la clase de español? _____

ASÍ SE DICE: Expressing knowledge and familiarity: *saber, conocer,* and *a personal*

3-8 **¿Qué verbos usas?** Selecciona entre saber (S) o conocer (C) para hablar de las cosas.

1. Hablar español _____
2. La profesora _____
3. Bogotá _____
4. sacar fotos _____
5. mi dirección _____
6. Carlos _____

3-9 **La *a* personal** Escribe en el espacio la **a** personal, si es necesario. ¡OJO!

1. Conozco _____ Martha.

2. No conozco _____ Colombia.

3. Conocen _____ la profesora de inglés.

4. Juan conoce _____ Cali.

5. Tú conces _____ la obra de García Márquez.

3-10 **Personas famosas** Pregúntale a un(a) compañero(a) si conoce a estas personas hispánicas. Si no las conoce, pregunta si hay alguien (someone) en la clase que sepa (knows) quiénes son. Él (Ella) debe explicarle su identidad a la clase. Sigue el modelo.

MODELO: Yo sé quién es Frida Kahlo, pero no la conozco.
o Yo sé que Frida Kahlo es artista, pero no la conozco.

Frida Kahlo
Augusto Pinochet
Salvador Dalí
Shakira
Diego Rivera
Ricky Martin
Selena
Hernán Cortés
César Chávez
Plácido Domingo
Fidel Castro

Isabel Allende
Gabriel García Márquez
Rigoberta Menchú
Luis Miguel
Francisco Franco
Jorge Luis Borges
Emiliano Zapata
Fernando Botero
Eva Perón
Pancho Villa
Pablo Picasso

ASÍ SE DICE Los meses y las estaciones

3-11 **Crucigrama** Student A: You have half of the answers to the crossword puzzle and your partner has the rest. Give your partner clues in Spanish to the answers that you have.

MODELO: Es el mes antes de... y después de... En esta estación hace mucho calor, etc.

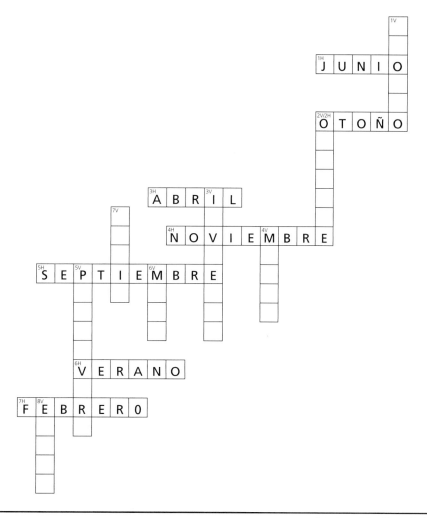

Nombre _____ Fecha _____

Student B: You have half of the answers to the crossword puzzle and your partner has the rest. Give your partner clues in Spanish to the answers that you have.

    MODELO: *Es el mes antes de... y después de... En esta estación hace mucho calor, etc.*

3-12   **¡Feliz cumpleaños!** Escribe las fechas de los cumpleaños de los principales miembros de tu familia. Sigue el modelo.

    MODELO: El cumpleaños de mi hermano es *el doce de abril.*

1. El cumpleaños de mi papá es _____.

2. El cumpleaños de mi mamá es _____.

3. El cumpleaños de mi hermano(a) es _____.

4. El cumpleaños de mi abuelo(a) es _____.

5. Mi cumpleaños es _____.

3-13   **Actividades** ¿Qué hacen las personas en las diferentes estaciones? Sigue el modelo.

    MODELO: el verano
                 En el verano, la gente nada, descansa, monta a caballo y no va a clase a la universidad.

1. el otoño _____

2. el invierno _____

3. la primavera _____

4. el verano _____

CAPÍTULO 4 En la casa: España

ESTRUCTURA I Describing household chores and other activities: present tense of stem-changing verbs (*o → ue; e → ie; e → i*)

4-1 **Una salida** Completa el siguiente diálogo entre tú y tus amigos sobre los planes de esta noche, usando la forma apropiada de los verbos entre paréntesis.

— ¿Uds. _____ (poder) salir a las nueve esta noche? Nosotros

_____ (querer) ver una película argentina.

— Sí, yo _____ (poder) salir a las nueve, pero yo _____

(preferir) ir a un restaurante a cenar, porque no _____ (tener) ganas de ver

una película.

   Mi hermano _____ (tener) que estudiar mucho y no

_____ (poder) ir con nosotros.

— Está bien. Entonces, nosotros _____ (ir) a tu casa a las ocho. Hay un restau-

rante muy bueno en la calle Segovia, donde [ellos] _____ (servir) una

paella muy rica.

— Sí. Mi madre también _____ (decir) que es excelente.

4-2 **Preguntas** Decide qué palabra interrogativa necesitas, y escribe la pregunta basándote en la respuesta. Sigue el modelo.

   MODELO: Puedes usar una computadora en la biblioteca.
            ¿Dónde puedo usar una computadora?

1. Comienza a las 9:00.

   ¿_____?

2. Marta y yo volvemos a la universidad después del concierto.

   ¿_____?

3. No puedo salir porque tengo que hacer mi tarea.

   ¿_____?

4. Preferimos ir al restaurante El Gaucho.

   ¿_____?

5. Almuerzo todos los días en la casa.

   ¿_____?

6. Cierran la biblioteca los sábados.

   ¿_____?

7. Yo juego al básquetbol con Juan.

   ¿_____?

8. Vengo a clase a las 9:00.

   ¿_____?

9. Sigo estudiando francés.

   ¿—————————————————————————————————?

10. Entiendo el vocabulario en español.

   ¿—————————————————————————————————?

11. Duermo cinco horas.

   ¿—————————————————————————————————?

12. Les pido a mis padres una computadora.

   ¿—————————————————————————————————?

ASÍ SE DICE Expressing physical conditions, desires, and obligations with *tener*

4-3 | **Reacciones** Reacciona a estas situaciones, usando las siguientes expresiones con **tener**. Sigue el modelo.

MODELO: Your friend forgot his coat. The temperature has fallen to 20° F outside.
Él tiene frío.

tener hambre	tener sueño	tener razón
tener prisa	tener celos	tener miedo (de)
tener paciencia	tener frío	tener calor

1. You are in the basement when the lights suddenly go out. _____

2. It's December, and you left the window open by mistake. _____

3. It is 95° F and you've been cutting the grass for three hours. _____

4. You only slept three hours last night because you had an exam this morning. _____

   _____

5. You have an appointment at 3:00 p.m. It is 2:45 p.m. and you are still at home. _____

   _____

6. It is 8:00 p.m. and all you ate today was an apple. _____

7. You agree with your Mom and you want to tell her she is right. _____

8. Your boyfriend/girlfriend has seen you talking to his/her best friend and he/she looks

   upset. You think he/she is jealous. What would you ask him/her? _____

9. You're a person who does things quickly, but your brother is not. What does your mother

   have to say to you frequently? Debes _____

10. You've just cleaned the whole house by yourself and you haven't had anything to drink.

   _____

4-4 **Problemas y soluciones** Encuentra una buena solución para cada problema.

_____ 1. Yo siempre tengo mucho sueño.

_____ 2. No tengo ganas de pasar la aspiradora.

_____ 3. Tenemos mucha sed.

_____ 4. Papá siempre quiere sacar la basura antes de limpiar.

_____ 5. Tengo hambre a las 12:00 de la noche.

_____ 6. Mi hermanito me pregunta, ¿2 y 2 son 4?

a. Tiene razón.

b. Duerme ocho horas todas las noches.

c. Come.

d. Barre el piso, entonces.

e. Debe tener paciencia.

f. Necesitan tomar Coca-Cola.

4-5 **La lámpara de Aladino** Después de tres días perdido(a) en los Pirineos, ves la lámpara famosa de Aladino. Frotas *(You rub)* la lámpara y un genio sale de la lámpara y te ofrece tres deseos. Usando la expresión **tener ganas de** + infinitivo, dile cinco cosas que quieres hacer. Sigue el modelo.

MODELO: *Tengo ganas de beber Coca-Cola.*

1. _____

2. _____

3. _____

4. _____

5. _____

ESTRUCTURA II Expressing preferences and giving advise: affirmative *tú* commands

4-6 **Nuevo apartamento** Te mudas a un nuevo piso en Madrid con tu familia. ¿Qué le dices a tu hija? Siguiendo el modelo, usa los siguientes verbos para dar cinco mandatos *(commands)*.

MODELO: ir a la cocina
        ¡*Ve a la cocina!*

poner la mesa   ser amable con el vecino   tener cuidado con el espejo
hacer la cama   venir aquí para ayudar...

1. _____

2. _____

3. _____

4. _____

5. _____

4-7 **¡Qué desastre de casa!** Qué mandatos le das a tu hijo cuando la casa está muy desordenada y sucia.

MODELO: sacar la basura
¡Saca la basura!

| limpiar el baño | barrer el piso | lavar los platos | quitar la mesa |

1. _____
2. _____
3. _____
4. _____

ESTRUCTURA III Talking about location, emotional and physical states, and actions in progress: the verb *estar*

4-8 **¿Dónde están?** Tú no encuentras algunas cosas en tu casa, tu hermana te responde usando la preposiciones con **estar.** Sigue el modelo

MODELO: ¿Dónde está mi silla?
Está cerca de la cómoda

1. la lámpara/encima de _____
2. el espejo/detrás de _____
3. la plancha /al lado de _____
4. la tostadora/ entre _____
5. el despertador/ debajo de _____

4-9 **Reacciones de la familia** ¿Cómo reaccionan los diferentes miembros de la familia? Completa las siguientes oraciones, usando la forma apropiada de **estar** y el adjetivo que convenga. Sigue el modelo.

MODELO: *Cuando mi hermanito no hace su tarea, Mamá está furiosa.*

| enfermo(a) | triste | furioso(a) | preocupado(a) | emocionado(a) |
| desordenado(a) | ocupado(a) | aburrido(a) | contento(a) | |

1. Mi hermana tiene un examen muy difícil mañana; ella _____.
2. Mi mejor amiga no quiere jugar conmigo, _____.
3. Mamá dice: «¡Usaste *(You wore)* mi ropa nueva!» _____.
4. Cuando terminamos los quehaceres, _____.
5. El primer día de clase, mi hermanito _____.
6. Mi hermano _____; llamamos al médico.
7. Cuando no limpio mi cuarto, mis padres piensan que el cuarto _____.
8. Cuando no visito a mis amigos y estoy solo(a) en casa, _____.
9. Los fines de semana, tengo muchas tareas y quehaceres en casa. Por eso _____.

4-10 **El presente progresivo** Siguiendo el modelo, escribe cinco actividades que los miembros de la familia hacen y dónde las hacen.

MODELO: Papá *está lavando los platos en la cocina.*

1. El abuelo _____
   _____
   _____.

2. El hijo _____
   _____
   _____.

3. La hija _____
   _____
   _____.

4. La mamá _____
   _____
   _____.

5. La abuelita _____
   _____
   _____.

4-11 **¿Qué está haciendo la familia García?** Completa las siguientes oraciones, usando el presente progresivo. Sigue el modelo.

MODELO: Yo *estoy jugando* (jugar) al baloncesto.

1. Amalia _____ (mirar) su programa favorito en la televisión.

2. ¿Qué hacen los abuelos? Los abuelos _____ (dormir) la siesta ahora.

3. ¿Dónde está Papá? Papá _____ (regar) las plantas en el jardín.

4. ¿Por qué no viene Óscar? Pienso que él _____ (cerrar) la puerta del garaje.

5. Mi hermana _____ (barrer) el piso del sótano para mi madre.

6. Nosotros _____ (leer) una novela en la terraza.

7. Eva _____ (estudiar) en su cuarto.

8. Carlos y Álvaro _____ (traer) una lámpara para la mesita.

9. Yo _____ (hacer) la cama.

4-12 **¿Qué están haciendo los vecinos?** Completa los siguientes diálogos que oyes en el jardín, usando el presente progresivo. Sigue el modelo.

MODELO: servir —*Yo estoy sirviendo la comida.*

1. hacer —¿Qué _____ los niños?
   lavar —Ellos _____ el coche.

2. hacer —¿Qué _____ papá?
   pasar —Papá _____ la aspiradora.

3. comer   —¿Qué _____ tu hermano?

    comer   —Mi hermano _____ unos burritos.

4. dormir   —¿Ana, _____?

    planchar   —No, yo _____ la ropa.

5. leer   —¿Qué libro _____ Uds.?

    leer   —Nosotros _____ *Don Quijote.*

ASÍ SE DICE Counting from 100 and higher:
los números de 100 a 1.000.000

4-13   **Los cheques de Rosa María** Rosa María, la madre de Beti Velarde, va de compras para el cumpleaños de su hija. Va a escribir tres cheques en euros, la moneda de la Unión Europea. Escribe la fecha, y la cantidad que debe pagar en cada cheque.

Rosa María Salinas Velarde   **102**
C/Altamirano 9, 4o izq.
Madrid, España   FECHA _____

ESTE CHEQUE A
PÁGUESE POR _____ $ [   ]

_____ EUROS

_____
(FIRMA)

Fecha: 15/1
A: Boutique Chic
Cantidad: 161 euros

Rosa María Salinas Velarde   **103**
C/Altamirano 9, 4o izq.
Madrid, España   FECHA _____

ESTE CHEQUE A
PÁGUESE POR _____ $ [   ]

_____ EUROS

_____
(FIRMA)

Fecha: 19/1
A: Supermercado Éxito
Cantidad: 175 euros

Rosa María Salinas Velarde   **104**
C/Altamirano 9, 4o izq.
Madrid, España   FECHA _____

ESTE CHEQUE A
PÁGUESE POR _____ $ [   ]

_____ EUROS

_____
(FIRMA)

Fecha: 23/1
A: Pastelería Victoria
Cantidad: 55 euros

4-14   **¿Cuánto cuesta?** Escribe los precios indicados en español.

1. un pequeño condominio en España (227.824 euros)

_____

2. un año de estudios en una universidad privada en los Estados Unidos (38.500 dólares)

_____

3. un auto en España (17.500 euros)

_____

4. un televisor DVD (1.300 dólares)

_____

5. un refrigerador (1.999 dólares)

_____

6. un estéreo (987 dólares)

_____

4-15   **Vamos de compras en la Red** Necesitas amueblar *(furnish)* tu apartamento que está vacío. Con un(a) compañero(a), busca en la Red muebles para tu apartamento. Apunta los precios en euros para convertirlos en dólares y saber el total de los gastos. Siguiendo el modelo, ve a uno de los siguientes sitios:

http://www.elcorteingles.es
http://www.mejorescompras.com

Para convertir euros a dólares, ve a uno de los siguientes sitios:

http://bolsa-madrid.com/divisas/
http://www.oanda.com/converter/classic
http://www.dna.com.ar/monedas/

MODELO: En http://www.mejorescompras.com, encontramos un microondas Daewoo por 116,85 euros. El precio en dólares es $130.93. (usando http://bolsa-madrid.com/divisas/)

Cuarto	Mueble	Precio
la cocina	un refrigerador	*95,56 euros o $92.17*
	un microondas	
el dormitorio	un estante	
el comedor	cuatro sillas	
	una mesa	
la sala	un sofá	

Nombre _____ Fecha _____

CAPÍTULO 5 La salud: Bolivia y Paraguay

ESTRUCTURA I Talking about routine activities: reflexive pronouns and the present tense of reflexive verbs

5-1 **La rutina en casa** Completa las siguientes oraciones con la forma apropiada del verbo entre paréntesis.

1. Mi hermano y yo _____ (despertarse) muy tarde los sábados por la mañana.

2. — ¿Vas a _____ (afeitarse) antes de venir?

   — No, prefiero _____ (afeitarse) una vez a la semana.

3. — ¿Con qué frecuencia _____ (peinarse) Uds.?

   — Nosotros _____ (peinarse) todos los días.

4. — ¿A qué hora _____ (levantarse) Uds. normalmente?

   — Nosotros _____ (levantarse) a las 9:30.

5. — ¿Cuándo _____ (ducharse) tu hijo?

   — Él _____ (ducharse) por la tarde.

6. Tengo que _____ (acostarse) pronto hoy porque tengo un examen mañana.

5-2 **La familia García** Describe lo que hacen los miembros de la familia, y donde están. Sigue el modelo.

MODELO: *El padre se afeita en el baño.*

1. Jorge _____
   _____
   _____ .

2. Elena y Patricia _____
   _____
   _____ .

3. Jorge _____
   _____
   _____ .

4. El padre _____
   _____
   _____ .

5. Patricia y Elena _____
   _____
   _____ .

ASÍ SE DICE Talking about things you have just finished doing:
acabar de + infinitive

5-3 **Antes y después** Mira los dibujos y di lo que acaban de hacer las diferentes personas y lo que van a hacer. Sigue el modelo.

MODELO: *Acaba de ducharse y va a vestirse.*

1. _____
_____
_____ .

2. _____
_____
_____ .

3. _____
_____
_____ .

4. _____
_____
_____ .

5. _____
_____
_____ .

5-4 **Adivinanzas** Basándote en las partes del cuerpo, adivina qué acaba de hacer la profesora. Sigue el modelo.

MODELO: el pelo
Acaba de peinarse.

1. la boca _____

2. los oídos _____

3. los dientes _____

4. los pies _____

5. los ojos _____

6. la mano _____

ESTRUCTURA II Describing people, things, and conditions: *ser* vs. *estar*

5-5 **La visita de los primos** Completa el siguiente diálogo con la forma correcta de los verbos **ser** y **estar.**

— Buenos días, Carmen ¿Cómo _____ tú?

— Muy bien, Luis. ¿Y tú?

— No muy bien. Yo _____ un poco nervioso porque tengo un examen muy difícil.

— ¿Quiénes _____ esos chicos que _____ en tu casa?

— ¡Ah! Ellos _____ mis primos Luis y Alberto. Ellos _____ bolivianos, pero hablan muy bien inglés.

— Y este coche, ¿de quién _____?

— De mi hermano mayor, que _____ rico.

— ¿Cuánto tiempo van a _____ aquí tus primos?

— Solamente una semana. Tienen que volver a Bolivia, porque _____ estudiantes y tienen exámenes muy pronto.

5-6 **Los problemas de Alberto** Completa las siguientes oraciones, usando la forma correcta de los verbos **ser** y **estar.**

Hoy _____ 25 de octubre. Hay una fiesta en la casa de Juan y Alberto Gómez.

Ellos _____ paraguayos y _____ guapos y solteros. Sus

padres _____ profesores; _____ en casa ahora porque

todos _____ de vacaciones. _____ las 3:00 de la tarde; ellos

preparan la fiesta de sorpresa para Alberto. La mamá _____ nerviosa con

los preparativos. En cambio, su esposo _____ en la sala mirando la tele; él

_____ muy tranquilo. La madre _____ enojada porque

nadie la ayuda. De pronto, Alberto comienza a llamar a su madre porque tiene mucho dolor de

estómago. Juan le dice a su mamá que Alberto _____ muy enfermo y que él

necesita ver al médico inmediatamente. Más tarde, en el consultorio, la enfermera le pregunta a

Alberto: «_____ todavía con dolor de estómago?» Alberto le dice que sí, y

que _____ mareado. La enfermera le toma la temperatura y le dice que él

_____ bien, y que no tiene fiebre. Él _____ muy frustrado

porque nadie puede entender sus síntomas. Al final, él regresa a casa y todos dicen: «¡Sorpresa!»

«¡Feliz cumpleaños!»

ESTRUCTURA III Pointing out people and things: demonstrative adjectives and pronouns

5-7 **Consultorio** Completa la conversación entre el doctor y la enfermera, escribiendo la traducción correcta de cada adjetivo demostrativo.

Enfermera: Acabo de examinar a _____ *(this)* señora, doctor. ¿Qué hago?

Doctor: ¡Un momento!. _____ *(those)* pacientes están tosiendo mucho. Por favor, ¿va a examinarlos a ellos también?

Enfermera: Sí, y ¿le doy a la señora _____ *(these)* aspirinas?

Doctor: Sí, y _____ *(that)* antibiótico que está en _____ *(that over)* mesa.

Enfermera: Bueno, ¿y a _____ *(those over)* pacientes que están allá?

Doctor: _____ *(This)* jarabe.

5-8 **En la farmacia** Complete los espacios en blanco con el pronombre neutro **eso** o **esto**

Sr. Mota: ¿Qué es _____ que está aquí?

Empleado: _____ es una pastilla.

Sr. Mota: ¿Qué es _____ que está allá en la mesa?

Empleado: _____ es la receta del doctor.

5-9 **En el centro de salud** Visitas el centro y tienes que seleccionar varias cosas allí.

MODELO: ¿Prefiere ver a este consultorio viejo o ese nuevo?
Tú: *Prefiero ése.*

1. Enfermera: ¿Quieres este antibiótico o aquel antibiótico?

   Tú: _____

2. Enfermera: ¿Prefiere esta cita de la tarde o esa cita en la mañana?

   Tú: _____

3. Enfermera: ¿Desea este hospital o aquel hospital que está fuera del campus?

   Tú: _____

4. Enfermera: ¿Prefiere pagar con esta tarjeta *(credit card)* o con aquella tarjeta?

   Tú: _____

CAPÍTULO 6 ¿Quieres comer conmigo esta noche?: Venezuela

ESTRUCTURA I Making comparisons: comparatives and superlatives

6-1 **Comparativos** Completa las siguientes oraciones en forma lógica, usando **más... que,** **menos... que** o **tan... como.**

1. Soy _____ fuerte _____ mi hermano de dos años.

2. Mis compañeros de clase son _____ ricos _____ Oprah.

3. Esta clase es _____ difícil _____ mi clase en secundaria.

4. Kimberly es _____ alta _____ su hermana gemela (*identical twin*).

5. Jim Carrey es _____ serio _____ Jack Nicholson.

6-2 **Más comparaciones** Compara las tres siguientes personas en cuanto al físico y sus posesiones, usando **más... que, menos... que, tan... que** o **tiene tantos(a)... como...** Sigue el modelo.

MODELOS: Sofía es *mayor que* Marcos.

Sofía	**Marcos**	**Tomás**
25 años	20 años	18 años

1. pelo _____

2. estatura (*height*) _____

3. edad _____

4. discos compactos _____

5. estudiar _____

6-3 **¿Qué sabes?** Escribe oraciones completas, usando el superlativo, como en el modelo.

MODELO: hermanas: Beti, 15 años y Lorena, 5 años (edad)
Beti es la hermana mayor.

1. bebidas: la leche, el jugo, el agua (dulce)

_____

2. postres: el flan, la fruta, el helado (nutritivo)

_____

3. comidas: el almuerzo, el desayuno, la cena (grande)

_____

4. personas: Juan (15), Roberto (66), Doña Matilde (70) (edad)

_____

5. restaurantes: Taco Bell, Chichi's, Taco Cabana (bueno)

_____

6. el pollo frito: de Kentucky Fried Chicken, de la cafetería (malo)

_____

6-4 | **Preguntas personales** Contesta las siguientes preguntas, usando el superlativo.

1. En tu opinión, ¿quién es el mejor cantante?

_____

2. ¿Quién es la peor actriz?

_____

3. ¿Cuál es el mejor plato y el peor en un restaurante?

_____

4. ¿Cuál es la mejor comida que sirven en la cafetería? ¿Y la peor bebida? ¿El peor postre?

_____

_____

_____

5. ¿Cuál es el país más rico del mundo? ¿El más pobre?

_____

6. ¿Cuál es el deporte más popular en los Estados Unidos? ¿Y en Latinoamérica?

_____

ESTRUCTURA II Describing past events: regular verbs and verbs with spelling changes in the preterite

6-5 | **¿Qué le pasó a Miguel?** Después de leer los siguientes párrafos, vuelve a escribirlos y cambia los verbos al pretérito para expresar lo que pasó ayer. Usa expresiones del pasado como ayer y anoche.

Yo *almuerzo* con un sándwich de jamón con papas fritas en la casa de mi amiga Rosa María. Después yo *juego* póker con ella en su casa. Luego *toco* la guitarra. Rosa y yo lo *pasamos* muy bien toda la tarde. Entonces yo *vuelvo* a mi apartamento, *miro* un poco de televisión y *leo* 20 páginas de una novela romántica. Finalmente, me *acuesto* a las 12:00.

Por la mañana yo me *levanto* a las 8:00, me *baño* y *desayuno* con café y pan tostado. Luego, *salgo* del apartamento y *tomo* un taxi a la casa de Rosa María. *Llego* allí en 20 minutos, y *llamo* dos veces a la puerta. Ella no me *contesta*. Por la tarde, *vuelvo* al apartamento y me *siento* en el sofá. Diez minutos más tarde, yo *comienzo* a escuchar música.

_____

_____

_____

_____

_____

_____

_____

_____

_____

6-6   **El comelón de Memo** Completa la siguiente narración, conjugando los verbos entre paréntesis en el pretérito.

Ayer, Roberto _____ (trabajar) mucho y _____ (regresar)

a la casa a las 7:00 de la noche. Él _____ (conversar) con su hijo Memo por

20 minutos y luego _____ (cenar) con toda su familia. La empleada Graciela

les _____ (preparar) unas arepas con arroz y caraotas negras. Memo

_____ (comer) muchas arepas y las _____ (terminar) muy

rápido por que tenía mucha hambre. Luego él _____ (beber) una Coca-Cola,

y sus padres _____ (tomar) café. Su papá le _____ (preguntar): «¿Por qué tienes tanta hambre?» Memo _____ (comentar): «yo no me

_____ (desayunar) ni _____ (almorzar) hoy». Su mamá

_____ (explicar): «Memo _____ (jugar) al fútbol por tres

horas esta tarde».

ESTRUCTURA III Giving detailed description about past events: more verbs with stem changes in the preterite

6-7   **¿Qué pasó?** Lee lo que los Sarmiento hacen a veces. Luego escribe lo que ellos hicieron el otro día. Sigue el modelo.

MODELO: A veces Susana duerme más de diez horas. (Anoche)
Anoche Susana durmió más de diez horas.

1. A veces Julio come primero y luego vista a su hija Susana. (Esta mañana)

_____

2. A veces, Juan pide una Coca-Cola, pero su papá le sirve jugo. (Ayer)

_____

3. A veces Gloria se divierte tanto con su hijo, que el niño se duerme rápidamente cuando se acuesta. (Anteayer)

_____

4. A veces cuando Julio consigue sus papas fritas favoritas, se sonríe. (El jueves pasado)

_____

5. A veces Julio se siente triste cuando se despide. (El lunes)

_____

CAPÍTULO 7 De compras: Argentina

ASÍ SE DICE Making emphatic statements: stressed possessive adjectives and pronouns

7-1 **¿Cómo es?** Pregúntale a tu compañero(a) que va a responder según el modelo.

MODELO: chaqueta / negra
E1: *Mi chaqueta es negra, ¿y la tuya?*
E2: *La mía es negra también.* o *La mía es azul.*

1. zapatos / de cuero _____

2. camisa / de cuadros _____

3. suéter / de algodón o de lana _____

4. cinturón / grande _____

5. sombrero / caro o barato _____

7-2 **¿De quién es la ropa?** La madre hace la limpieza en la casa, encuentra ropa en el suelo y la pone en una bolsa. Siguiendo el modelo, ayúdala a encontrar los dueños.

MODELO: el suéter (Ana) / el suéter (Ana; no, Marta)
—*¿De quién es el suéter? ¿Es de Ana?*
—*Sí, es suyo. / No, no es suyo; es de Marta.*

1. a camiseta (abuela)

_____

_____

2. la corbata (Tomás)

_____

_____

3. los calcetines (papá; no, Tomás)

_____

_____

4. los trajes de baño (hermanas gemelas)

_____

_____

5. la falda (tú; no, Teresa)

_____

_____

ESTRUCTURA I Talking about singular and/or completed events in the past: verbs irregular in the preterite

7-3 | **La carta: la primera impresión** Nidia le escribe una carta a su mejor amiga sobre su primera cita con Miguel. Conjuga los siguientes verbos entre paréntesis en el pretérito.

Querida Paulina:

¿Cómo estás? Mi primera cita con Miguel _____ (ser) muy interesante. Miguel

_____ (ponerse) una camisa blanca y corbata, yo _____

(ponerse) un vestido de seda con un abrigo. _____ Nosotros (ir) al restaurante.

Yo _____ (pedir) enchiladas con salsa verde y Miguel _____

(pedir) pollo con mole. Después de comer, Miguel pidió la cuenta, la _____

(pagar) y le _____ (dejar) a la camarera una buena propina. Nosotros

_____ (decidir) ver la nueva película *Deep Blue Sea*, pero no llegamos a tiempo.

Yo le _____ (decir) a Miguel: «¿Por qué no vamos a bailar a la discoteca?» Él

_____ (ponerse) muy nervioso y me contestó: «No sé bailar».

Al fin, nosotros _____ (ir) a un café. Allí _____ (hablar)

mucho e _____ (hacer) planes para salir otra vez. Creo que estoy enamorada

de Miguel. ¿Cuándo vienes a visitarme?

Un abrazo fuerte,

Nidia

7-4 | **Las compras** Conteste a las siguientes preguntas.

1. ¿Fuiste de compras este mes? Y ¿Qué compraste?

   _____

2. ¿Pudiste pedir rebaja? ¿Cuánto?

   _____

3. ¿Que dijeron tus amigos sobre tu nueva ropa?

   _____

4. ¿Te pusiste la chaqueta nueva ayer?

   _____

5. ¿Qué quisiste hacer después de la clase?¿Tuviste que hacer otras cosas?

   _____

ESTRUCTURA II Simplifying expressions: direct object pronouns

7-5 **En la tienda** Completa la conversación, usando el pronombre de objeto directo correspondiente.

— ¿Venden Uds. bufandas aquí?

— No, no _____ vendemos. Pero vendemos medias.

— No, no _____ necesito. Busco guantes también.

— Sí, _____ tenemos y no cuestan mucho.

— ¿Cuánto cuestan?

— 220 pesos. ¿ _____ quiere ver?

— No, gracias. En la otra tienda _____ tienen en rebaja.

_____ voy a comprar allí.

7-6 **Diferentes conversaciones** Completa las oraciones con el pronombre objeto directo correspondiente. Sigue el modelo.

MODELO: **Mamá:** ¿Necesitas llamar a tu papá?
Hija: *Sí, necesito llamarlo. (Sí, lo necesito llamar.)*

1. **Estudiante:** ¿Tiene Ud. el paraguas?

   Profesor: Lo siento. No _____ .

2. **Novio:** ¿Compro este vestido?

   Novia: No, no _____ .

3. **Jefe:** ¿Vas a llevar corbata esta noche?

   Empleado: _____

4. **Hermano:** ¿Puedes poner mis gafas de sol en tu bolsa?

   Hermana: Por supuesto, _____ .

5. **Hijo:** ¿Cuándo vamos a ver a la abuela?

   Madre: Creo que _____ .

6. **Felipe:** ¿Pagaste la cuenta?

   Mafalda: Sí, _____ .

ESTRUCTURA III Describing on-going and habitual actions in the past: the imperfect tense

7-7 **Los recuerdos** La familia López mira su álbum de fotos de hace diez años. Mira la foto y contesta las siguientes preguntas.

1. ¿Qué tiempo hacía? _____

2. ¿Qué hora era? _____

3. ¿Dónde estaba la familia? _____

4. ¿Qué llevaba la madre? _____

5. ¿Qué hacía el padre? ¿Cómo era? _____

6. ¿Cómo se sentía la pareja? _____

7. ¿Cuántos años tenía el hijo? _____

8. ¿Había otras personas en la foto? ¿Qué hacían? _____

7-8 **Antes y ahora** Escribe oraciones donde se describa lo que se hace ahora y lo que se hacía en los años 80. Usa tópicos como la ropa, la moda, las carreras, la música, la comida, las computadoras. Sigue el modelo.

MODELO: *En los años 80 la gente se ponía ropa rara. Ahora la gente se viste mejor.*

1. _____

_____

2. _____

_____

3. _____

_____

4. _____

_____

5. _____

_____

6. _____

CAPÍTULO 8 Fiestas y vacaciones: Guatemala y El Salvador

ASÍ SE DICE Inquire and provide information about people and events: interrogative words

8-1   **El interrogatorio** Completa las preguntas con **qué** o la forma correcta de **cuál.** Sigue el modelo.

MODELO: ¿Por _____ montañas caminas?
¿Por qué montañas caminas?

1. ¿_____ es Navidad? ¿_____ es la fecha de Navidad?

2. ¿_____ desfile te gusta más?

3. ¿_____ es tu fiesta favorita?

4. ¿En _____ fiestas te pones disfraz?

5. ¿_____ es una máscara?

6. ¿_____ es el río más grande de los Estados Unidos?

7. ¿_____ es un anfitrión?

8. ¿_____ río tiene muchas olas?

9. ¿Para _____ sirve un cohete?

10. ¿_____ son las fiestas en que se dan regalos?

8-2   **Las vacaciones** La familia Suárez planea sus vacaciones, y los niños les preguntan a sus padres. ¿Cuáles fueron las preguntas que hicieron los niños, según las respuestas. Sigue el modelo.

MODELO: *Sirve para transportar gente en el río.*
¿Para qué sirve una canoa?

1. ¿_____? Vamos a la playa.

2. ¿_____? Se llama la Costa del Sol.

3. ¿_____? Juan y Pedro van con nosotros.

4. ¿_____? Salimos el 4 de julio.

5. ¿_____? Vamos a estar por dos semanas.

6. ¿_____? Vamos en un velero especial.

7. ¿_____? El viaje en barco cuesta mucho.

8. ¿_____? El plato típico es paella.

9. ¿_____? Vamos a hacer esnórquel.

10. ¿_____? Sirve para proteger la piel.

ESTRUCTURA I Narrating in the past: the preterite vs. the imperfect

8-3 **Recuerdos de la Costa del Sol** Subraya la forma correcta del **pretérito** o del **imperfecto**.

Querido Tomás:

Lo estamos pasando bien en la Costa del Sol. Rita, Simón, Rosa, Toño, Amalia y yo (llegábamos / llegamos) al hotel a mediodía y ya (hacía / hizo) calor. ¡Qué bonito (estaba / estuvo) el día, Tomás! (Íbamos / Fuimos) directamente a nuestros cuartos. ¿Sabes cuál (era / fue) la primera cosa que (hacíamos / hicimos)? ¡Nos (poníamos / pusimos) el traje de baño y (nadábamos / nadamos) en el mar! El agua (estaba / estuvo) maravillosa. Después, nos (cambiábamos / cambiamos) de ropa y (tomábamos / tomamos) un taxi para ir al restaurante. Allí, (había / hubo) un papagayo *(parrot)* en la terraza. Creo que Rita se (enamoraba / enamoró) de él porque le (daba / dio) muchas galletas saladas.

8-4 **Las aventuras de Juan** Completa las actividades que hacía Juan en las vacaciones de verano.

Todos los veranos Juan _____ (ir) a la playa con sus amigos. Ellos siempre

_____ (llevar) una canoa muy grande. Las olas _____

(mover) el bote. Juan siempre se _____ (enfermar). Otras veces cuando

_____ (hacer) sol sus amigos y él _____ (ponerse) crema

bronceadora en la cara y los brazos. Al final del día cuando _____ (tener)

hambre _____ (regresar) a casa a comer pescado. Un día, Juan y sus amigos

_____ (pescar) cuando de repente, _____ (empezar) a

llover y a caer relámpagos *(lightning)*. Juan _____ (ponerse) muy nervioso y les

_____ (decir) que regresaran inmediatamente a la orilla. Al llegar a la orilla,

_____ (dejar) de llover. Todos _____ (regresar) a su casa,

porque _____ (estar) mojados y _____ (tener) mucho frío.

8-5 **Cuentos cortos** Escribe unas historias de acuerdo con cada dibujo. ¡OJO! Tienes que usar verbos en el pretérito y el imperfecto, y a veces, debes usar palabras que enlacen *(connect)* como cuando y mientras. Sigue el modelo.

MODELO:

ser las doce y media de la noche / bailar o escuchar / los chicos llevar trajes / las chicas llevar vestidos muy elegantes / de repente, irse la luz / empezar a gritar
Eran las doce y media de la noche. Unos bailaban, y otros escuchaban música. Los chicos llevaban trajes y las chicas llevaban vestidos muy elegantes. De repente, se fue la luz y todos empezaron a gritar.

1. ser las diez de la noche / hacer mucho frío / mi amigo Juan tocar a mi puerta / yo le abrir la puerta y él me decir «Trick or treat» / yo reírse / él llevar un disfraz de Drácula / yo llevar un vestido negro y un sombrero del mismo color, como de bruja

_____

_____

_____

_____

_____
_____
_____
_____

2. ser una tarde muy bonita de verano / hacer calor / la familia Rodríguez decidir hacer un picnic en el parque / los padres estar comiendo, los niños jugar con la pelota / de repente, el padre oír un ruido muy fuerte / ver un cohete que cruzar el cielo / los niños, al ver el cohete, ponerse muy contentos / el padre les explicar qué ser este objeto que ir hacia las nubes

_____
_____
_____
_____
_____
_____
_____

3. Marta estar estacionando su coche en el garaje cuando darse cuenta de que algo andar mal / la puerta del garaje estar abierta, las luces de la casa estar apagadas / durante unos minutos, ella preguntarse si deber entrar o no, o si deber ir a la policía / finalmente, decidir entrar a la casa / estar muy nerviosa: le temblar *(tremble)* las piernas y el corazón le palpitar muy rápido / toda la casa parecer *(appeared)* diferente / estar desorientada / de repente escuchar un ruido en la sala y otro en la cocina / las luces encenderse y todo el mundo cantar: «Cumpleaños feliz...».

_____
_____
_____
_____
_____
_____
_____

ESTRUCTURA II Stating indefinite ideas and quantities: affirmative and negative expressions

8-6 **El aguafiestas** No estás de acuerdo con estas actividades. Siguiendo el modelo, cambia estas oraciones a la forma negativa.

MODELO: Siempre como pavo el Día de Acción de Gracias.
Nunca como pavo el Día de Acción de Gracias.

1. Para la Navidad o la Janucá, recibo algo de mis padres.

   _____

2. El cuatro de julio viene alguien al desfile.

   _____

3. Algún día voy a hacer esnórquel.

   _____

4. Mis amigos y yo siempre vamos a acampar al lado del río.

   _____

5. También quiero ir al baile.

   _____

6. ¿Vamos o a la fiesta o a la discoteca?

   _____

8-7 **Eventos interesantes** Entrevista a tus compañeros(as) de clase para averiguar *(find out)* sus planes para la semana que viene. ¿Tienen planes similares?

1. ¿Hay alguna película buena en el cine esta semana?

2. ¿Hay algo interesante en la tele esta noche? ¿Siempre miras este programa?

3. ¿Te gustan todas tus clases este semestre? ¿Tienes algún(a) profesor(a) favorito(a)?

4. ¿Cómo se llama un buen restaurante en esta ciudad? ¿Tienen algunos platos deliciosos? ¿Siempre sirven los mismos platos? ¿Preparan algo especial para grupos grandes? ¿Siempre comes allí?

5. Ahora, eres muy negativo: reporta que tus planes y opiniones son lo contrario de él (ella).

ASÍ SE DICE Talking about periods of time since an event took place: *hace* and *hace que*

8-8   **En Guatemala** Eres estudiante de intercambio. Tu compañero(a) te hace muchas preguntas. Siguiendo el modelo, completa las preguntas y responde.

MODELO: vivir en Guatemala
              E1: *¿Hace cuánto tiempo que vives en Guatemala?*
              E2: *Hace seis meses que vivo en Guatemala.*

1. estudiar español _____

2. conocer a tu familia guatemalteca _____

3. asistir a la universidad _____

4. vivir aquí _____

5. hablar con acento guatemalteco _____

8-9   **Respuestas** Completa las oraciones a continuación con hace y la forma verbal del pretérito.

MODELO: Hace *dos días* que *caminé* por las montañas con mis amigos.

1. Hace _____ que (hacer) _____ un brindis.

2. Hace _____ que (cumplir) _____ .

3. Hace _____ que (disfrazarse) _____ .

4. Hace _____ que me (reunir) _____ con mis amigos.

5. Hace _____ que (ir) _____ a una fiesta sorpresa.

CAPÍTULO 9 De viaje por el Caribe: La República Dominicana, Cuba y Puerto Rico

ESTRUCTURA I Simplifying expressions: indirect object pronouns

9-1 **¿A quién?** Completa las siguientes oraciones con el pronombre de complemento indirecto.

1. Yo _____ pido el jabón *(soap)* a la recepcionista.

2. El agente de viajes _____ explica el itinerario a ellos.

3. Teri _____ manda una postal *(postcard)* a nosotros.

4. Ellos quieren pedir _____ las llaves a Juan.

5. Él _____ recomienda a ti que uses el ascensor.

6. _____ mandan el equipaje a mí.

7. Ellos _____ prometen al agente de viajar en el día.

9-2 **Cosas que hiciste en el hotel** Escribe qué les pasó anoche en el hotel a los Pérez. Sigue el modelo.

MODELO: Julio / leer / un libro a su hijo
Julio le leyó un libro a su hijo.

1. Julio / escribir una tarjeta postal / a sus amigos

   _____

2. el camarero / servir la cena / a la familia

   _____

3. el recepcionista / explicar las instrucciones / a Carmen

   _____

4. Carmen / pedir la llave / al recepcionista

   _____

5. tú / prometer a mí / tomar el metro

   _____

6. el recepcionista / preguntar a nosotros / cuándo salimos

   _____

7. Carmen / mandar la tarjeta por correo / a sus amigos

   _____

8. Julio / recomendar a ti / ir a pie a la playa

   _____

ESTRUCTURA II Simplifying expressions: double object pronouns

9-3 | **¿Cómo lo haces?** Contesta las siguientes preguntas, usando los dos pronombres si es necesario. Sigue el modelo.

MODELO: ¿Le prestas tu maleta a tu amiga?
Sí, se la presto.

1. ¿Cómo prefieres pagarle los boletos al agente?

   _____

2. ¿Les llevas la ropa a los niños en las maletas?

   _____

3. ¿Les escribes cartas a tus padres?

   _____

4. ¿Les factura el equipaje el agente a Uds.?

   _____

5. En el avión cuando no puedes dormir, ¿te llevan café?

   _____

6. ¿La asistente de vuelo te explica el horario?

   _____

9-4 | **Entrevista** Hazle a tu compañero(a) las siguientes preguntas, y trata de usar los objetos directos e indirectos en las respuestas. Sigue el modelo.

MODELO: E1: ¿Te da un cuarto limpio el recepcionista?
E2: *Sí, me lo da.*
o E2: *No, no me lo da.*

1. Cuando viajas, ¿les escribes tarjetas a tus padres?
2. ¿Les compras regalos a tus amigos?
3. ¿Les das propinas a los taxistas?
4. ¿Le haces muchas preguntas al recepcionista?
5. ¿Le pides ayuda a la gente en la calle?
6. ¿Le das tu pasaporte al agente de la inmigración?

ASÍ SE DICE Giving directions: prepositions of location, adverbs, and relevant expressions

9-5   **En el cuarto del hotel** Contesta las preguntas, usando las preposiciones y expresiones siguientes: entre, al lado de, a la izquierda de, a la derecha de, delante de, detrás de, en. ¡OJO! Usa la contracción del cuando sea necesario. Sigue el modelo.

MODELO: ¿Dondé está el teléfono?
Está delante de la lámpara o entre las camas sencillas.
¿Dónde está / están...

1. las camas? _____

2. la mesa y las sillas? _____

3. la mesa de noche? _____

4. la lámpara? _____

5. el cuadro? _____

6. el baño? _____

9-6   **Direcciones** Escribe la conversación entre el recepcionista y la turista según los dibujos.

_____

_____

_____

_____

_____

_____

_____

_____

_____

_____

_____

ESTRUCTURA III Giving directions and expressing desires: formal and negative *tú* commands

9-7 | **Una gira por la ciudad** Tú y un grupo de amigos viajan por Puerto Rico pero tú llegas antes que tus amigos a San Juan. El recepcionista del hotel te deja unas recomendaciones para ellos. Cambia los infinitivos por mandatos, según el modelo.

MODELO: no ir en carro / ir a pie
No vayan en carro al centro; vayan a pie.

1. no subir el equipaje / ponerlo detrás de la puerta _____

2. no quejarse / aceptar todo como es _____

3. no llegar tarde a la estación del tren / llegar a tiempo _____

4. no tomar el metro / ir en coche _____

5. no cruzar la calle / doblar en la esquina _____

9-8 | **Mandatos** Ahora tus amigos le mandan al empleado hacer varias cosas en la ciudad. Sigue el modelo.

MODELO: pedir taxi para el grupo
Pida un taxi.

1. hacer reservaciones de avión para el grupo _____

2. recoger las maletas del grupo _____

3. pedir varios taxis _____

4. llamar al restaurante _____

5. parar en la terminal de buses _____

9-9 | **Nuevas reglas** Dos agentes de aduana hablan de los nuevos cambios en su departamento. Deben compartir (*share*) las responsabilidades pero no están de acuerdo. Cambia los siguientes mandatos en segunda persona (forma **tú**) a la forma negativa. Sigue el modelo.

MODELO: Escribe el informe.
No escribas el informe.

1. Ve al avión. _____

2. Sube las maletas _____

3. Ven a mi oficina. _____

4. Pide el pasaporte. _____

5. Factura el equipaje. _____

6. Pon el boleto en la mesa. _____

7. Llena los documentos. _____

8. Sal por el pasillo. _____

9. Sé el (la) asistente de vuelo. _____

10. Recoge el equipaje de mano. _____

CAPÍTULO 10 Las relaciones sentimentales: Honduras y Nicaragua

ESTRUCTURA I Describing recent actions, events, and conditions: the present perfect tense

10-1 | **Los preparativos de una boda** Completa la siguiente conversación entre la madre de la novia, Rita y su amiga Catalina.

Rita: Hola, Catalina.

Catalina: Hola, Rita. ¿Qué _____ (hacer) últimamente?

Rita: ____ (Estar) ocupada con los preparativos de la boda de mi hija.

¿_____ (Ver) la invitación que te mandé?

Catalina: Todavía no la _____ (recibir).

Rita: Ay, las _____ (mandar) apenas la semana pasada.

Catalina: ¿Tu hija _____ (tener) muchas despedidas (showers)?

Rita: Sí, anoche tuvimos una, y por eso, hoy _____ (estar) tan cansada.

10-2 | **Después del compromiso** Hoy te has comprometido y lo has celebrado con tus amigos y familiares. Todos tuvieron que hacer algo. Usando el presente perfecto, repasa lo que los otros han hecho. Sigue el modelo.

MODELO: Mamá / escribir las invitaciones
Mamá ha escrito las invitaciones.

1. nosotros / hacer la lista de invitados _____

2. tía Luisa y Juan / comprar las flores _____

3. Papá / ver tocar a la orquesta antes _____

4. yo / decir qué detalles no debemos olvidar _____

5. mis hermanos / poner las invitaciones en el correo _____

6. tú / traer el ramo de la novia _____

10-3 | **Entrevista sobre las relaciones** Hazle a tu compañero(a) las siguientes preguntas.

1. ¿Has conocido a alguien recientemente que te guste?

2. ¿Qué hiciste cuando lo (la) viste por primera vez?

3. ¿Te has llevado bien con esta persona?

4. ¿Qué cosas has hecho con él (ella)?

5. ¿Has salido a bailar o tomar una copa con él (ella)?

6. ¿Has hablado con él (ella) sobre matrimonio?

7. ¿Le has dicho lo que sientes?

8. ¿Le has escrito algo especial?

ASÍ SE DICE: Describing reciprocal actions:
reciprocal constructions with *se* and *nos*

10-4 **¿Qué hacen?** Describe las siguientes relaciones familiares o sociales. Escribe una lista de lo que hacen y cuándo lo hacen.

MODELO: *Los esposos se llevan bien.*

Relaciones	Actividades
los buenos amigos	escribirse
los parientes	hablarse
los esposos	verse
los padres y los niños	llamarse por teléfono
los profesores y los estudiantes	darse regalos
los compañeros de cuarto o de casa	llevarse bien
	ayudarse
	abrazarse
	besarse
	casarse

_____

_____

_____

_____

_____

_____

10-5 **Malas relaciones** Cuando las personas no se llevan bien, ¿qué acciones hacen o no? Sigue el modelo.

MODELO: *Se gritan mucho todos los días.*

no comunicarse   gritarse   separarse
no verse   no decirse la verdad   no ayudarse

_____

_____

_____

_____

_____

_____

10-6 **La pareja ideal y la dispareja** *(badly matched)* Escribe las cosas que hacen estas parejas. Sigue el modelo.

MODELO: La pareja ideal *se comunica bien.*
La dispareja *no se comunica bien.*

1. la pareja ideal _____

_____

_____

2. la dispareja _____

_____

_____

ASÍ SE DICE Qualifying actions: adverbial expressions of time and sequencing of events

10-7 **¿Como es un (a) buen(a) amigo(a)?** Completa las oraciones siguientes con adverbios. Siguiendo el modelo, usa los adjetivos siguientes.

MODELO: Un novio habla y se comporta *cortésmente* con sus suegros.

| total | inmediato | rápido | cortés | cuidadoso | serio | lógico | exacto |

1. Un buen amigo se dedica _____ a otras personas.

2. Cuando estoy triste, un buen amigo siempre sabe _____ lo que necesito para sentirme mejor.

3. Si necesito ayuda, un buen amigo llega _____ .

4. Cuando pido su opinión, un buen amigo siempre piensa _____ y _____ antes de hablar.

5. Un buen amigo es muy simpático. Siempre habla _____ conmigo y con los demás.

10-8 **La luna de miel** Usa el adverbio para dar más información sobre el viaje de luna de miel de los recién casados en Honduras. Sigue el modelo.

MODELO: rápido: Los recién casados salieron.
Los recién casados salieron rápidamente.

1. perfecto: Los itinerarios estaban organizados.

_____

2. feliz: El viaje terminó después de cinco días.

_____

3. paciente: La pareja esperó la comida en el restaurante.

_____

4. inmediato: Los novios caminaban por la playa después de la cena.

_____

5. fácil: Los empleados del hotel se comunicaron con ellos.

_____

6. frecuente: Los recién casados durmieron hasta muy tarde durante el viaje.

_____

7. constante: En el hotel, ellos recibieron información de los tours que había en la ciudad.

_____

10-9 **Preparativos del novio** Escribe las expresiones que acompañan a estos eventos. Sigue el modelo.

MODELO: *Tomás primero se levantó muy temprano.*

El día antes de la boda, Tomás tenía mucho que hacer. _____, fue al almacén

para recoger el esmoquín *(tuxedo)* y los de sus compañeros. _____, tuvo que ir

a la joyería para pagar los anillos *(rings)*. _____ fue al aeropuerto para recibir a

sus padres. _____ se fueron a la iglesia para el ensayo final *(rehearsal)* de la

ceremonia y _____ todos fueron a cenar a un restaurante.

10-10 **Preguntas personales** Contesta el siguiente cuestionario, usando expresiones adverbiales de tiempo. Sigue el modelo.

MODELO: ¿Te has enamorado muchas veces?
No, no me he enamorado nunca.

1. ¿Te has ganado el ramo de la novia / la liga (garter) del novio una vez?

_____

2. ¿Siempre abrazas a tu novio(a) cuando se ven?

_____

3. ¿Solamente sales con tu novio(a) los fines de semana?

_____

4. ¿Muchas veces quién se enoja más, tú o él (ella)?

_____

5. ¿Por qué se divorcian cada año muchas parejas?

_____

6. ¿A veces haces ejercicio con tu novio(a)?

_____

ESTRUCTURA II Using the Spanish equivalents of *who, whom, that* and *which:* relative pronouns

10-11 **El misterio** Completa el espacio en blanco con el pronombre relativo. Sigue el modelo.

MODELO: Ella es la chica *que* trabaja aquí.

1. Ellos dicen _____ Ud. es el novio.

2. _____ me gusta de él es su personalidad.

3. Juan y Pedro son los _____ estuvieron en la fiesta del novio.

4. Martha es la chica con _____ se casó el novio.

5. ¡_____ dicen de él no es verdad!

6. Éste es el vestido _____ usó la novia en el banquete.

7. Él es el hombre _____ conoce al novio.

8. Todo _____ hizo, fue aceptado.

9. Carlos fue el joven con _____ hablé del novio.

10-12 **¿Quién es?** ¿Qué importancia han tenido estas personas en tu vida? Completa las siguientes oraciones de una manera lógica. Sigue el modelo.

MODELO: Mi mamá es la persona *que más quiero en mi vida porque ella me ayuda en todo.*

1. Mi mejor amigo(a) es la persona

_____

_____ .

2. Mi profesor(a) de español es la persona

_____

_____ .

3. Mi novio(a) es la persona

_____

_____ .

4. Mis padres son las personas

_____

_____ .

5. Mi compañero(a) de clase es la persona

_____

_____ .

Nombre _____ Fecha _____

CAPÍTULO 11 El mundo del trabajo: Panamá

ESTRUCTURA I Making statements about motives, intentions, and periods of time: *por* vs. *para*

11-1 **¿Quién de la clase?** Haz una encuesta (*survey*) preguntándoles a tus compañeros(as) si hacen las siguientes cosas. Intenta encontrar a dos personas para cada situación. Siguiendo el modelo, escoge **por** o **para** y haz las preguntas.

MODELO: ¿Quién en la clase estudia por / para médico?
Juan estudia para médico.

¿Quién en la clase...

1. estudia por / para ser hombre / mujer de negocios?

   _____

2. siempre estudia por / para la noche?

   _____

3. usa la biblioteca por / para aprender?

   _____

4. va a estar en la universidad por / para tres años más?

   _____

5. trabaja mientras estudia por / para tener dinero?

   _____

6. camina por / para el campus por / para llegar a las clases?

   _____

7. duerme por / para ocho horas anoche?

   _____

8. tiene que hacer mucha tarea por / para mañana?

   _____

9. habla mucho por / para teléfono?

   _____

10. quiere trabajar por / para una compañía grande en el futuro?

    _____

ESTRUCTURA II Expressing subjectivity and uncertainty: the subjunctive mood

11-2 | **Categorías** Seleccione a que categoría pertenecen las siguientes oraciones.
Categorías: voluntad, emoción, duda, negación

MODELO: Estoy triste que no vengas a trabajar.
Categoría: emoción

1. Queremos que hables con el jefe hoy._____

2. No creo que el cajero automático funcione._____

3. Siento que tu tarjeta de crédito no sirva._____

4. Duda que se jubile pronto._____

5. Estoy contento que Juan tenga una entrevista. _____

11-3 | **El indeciso** Juan hoy no está seguro de nada y está preocupado por su trabajo. Complete las oraciones siguientes según el modelo.

MODELO: Quiero que mi empresa *no despida más empleados.*

1. Dudo que mi empresa _____.

2. Siento que mi secretaria _____.

3. No es cierto que mi trabajo _____.

4. Estoy contento(a) de que la reunión _____.

5. Niego que los empleados _____.

ESTRUCTURA III Expressing desires and intentions: the present subjunctive with statements of volition

11-4 | **Permisos y prohibiciones** ¿Qué actividades se permiten o prohíben en una fábrica o en una oficina? Siguiendo el modelo, escribe una lista.

MODELO: *El jefe quiere que los empleados trabajen ocho horas al día.*
o *El jefe insiste en que no bebamos cerveza en la cafetería.*

1. _____
2. _____
3. _____
4. _____
5. _____

11-5 | **Una vida sana** Lee el párrafo y decide si las oraciones son lógicas o no. Si no son lógicas, corrígelas.

Antes de empezar su nuevo trabajo, mi hermana tiene que ir al médico para un chequeo general. El médico le habla de la importancia de la salud. Le recomienda que coma comida sana. Le aconseja que coma muchas frutas y verduras *(vegetables).* También el médico insiste en que mi hermana haga ejercicio para aliviar el estrés. Sugiere que nade, corra o levante pesas por lo menos tres veces por semana. Finalmente, el médico le prohíbe que coma muchas cosas dulces como helado. ¡Eso no le gusta nada a mi hermana! ¿Lógico o no?

_____ **1.** Mi hermana debe comer frutas y vegetales.

_____ **2.** El médico piensa que mi hermana hace demasiado ejercicio.

_____ **3.** Mi hermana necesita correr y nadar.

_____ **4.** Según el médico, es importante hacer ejercicio todos los días.

_____ **5.** Mi hermana puede comer mucho helado.

11-6 **Recomendaciones** Con un(a) compañero(a) de clase, discutan cuál es la mejor recomendación para estas personas. Sigue el modelo.

MODELO: Óscar tiene 28 años. Hoy está resfriado y no tiene ganas de trabajar.
Le recomendamos que se quede en casa.

1. Rosana es una niña de diez años. Está muy delgada y casi no tiene apetito.

_____

2. Marcos tiene 43 años y tiene diabetes. El médico dice que Marcos necesita perder peso.

_____

3. Marcela tiene 40 años y es una mujer de negocios. Sufre de una úlcera del estómago. Está nerviosa frecuentemente porque hay mucha tensión en su vida.

_____

4. Gloria es una niña de seis años. Tiene náuseas y no quiere comer.

_____

11-7 **Las expectativas de la educación** Si quieres conseguir un buen empleo, es importante aprovechar de todo lo que ofrece la universidad. ¿Qué expectativas tienen los profesores, los estudiantes y los padres de la experiencia académica? Sigue el modelo.

MODELO: Los padres quieren que sus hijos *aprendan muchas cosas prácticas.*

1. Todos los profesores quieren que los estudiantes

_____.

2. El (La) profesor(a) de español prefiere que

_____.

3. En la universidad, los padres desean que los hijos

_____.

4. Los estudiantes piden que los profesores

_____.

Ahora, usa esta información para escribirle al (a la) rector(a) *(president)* de la universidad con recomendaciones para mejorar la experiencia académica en tu universidad.

5. Recomendamos que el (la) rector(a)

_____.

6. Queremos que el (la) rector(a)

_____.

7. Sugerimos que el (la) rector(a)

_____.

11-8 | **Conflictos** Completa las siguientes afirmaciones personales con una forma verbal apropiada. Vas a usar el verbo en el presente del subjuntivo o en el infinitivo.

1. Mis padres recomiendan que (yo) _____ dinero, pero no quiero

_____.

2. Mi profesora de español insiste en que (yo) _____, pero prefiero

_____.

3. Mi mejor amigo(a) desea _____, pero le recomiendo que

_____.

4. Mi compañero(a) de casa prefiere que nosotros _____, pero quiero que

nosotros _____.

5. Quiero _____, pero nadie recomienda que (yo) _____.

CAPÍTULO 12 El medio ambiente: Costa Rica

ESTRUCTURA I Expressing emotion and opinions: subjunctive following verbs of emotion, impersonal expressions, and *ojalá*

12-1 **Preocupaciones de la famila** Completa las oraciones, usando la forma correcta del presente de subjuntivo. Sigue el modelo.

MODELO: Siento que tú no *puedas* (poder) ver al guardaparques.

1. Mi padre espera que mis hermanos _____ (trabajar) en la finca en las

   vacaciones y que _____ (sembrar) muchas semillas *(seeds)*.

2. A mi madre no le gusta que yo _____ (hacer) mucho ruido en casa.

3. Ella se queja que mis hermanos nunca _____ (llevar) una vida tranquila,

   porque siempre discuten.

4. Me alegro que mis padres _____ (ir) a la playa y que

   _____ (ver) el mar.

5. A mi hermano Carlos le molesta que mi papá le _____ (hablar) de la

   política del país, porque él no está de acuerdo con sus ideas.

6. Mi mamá y mi tía tienen miedo que _____ (haber) escasez de comida en

   el futuro.

7. A mis amigos y a mí nos sorprende que la gente _____ (arrojar) basura en

   el centro de la ciudad.

12-2 **Problemas en el medio ambiente** Mira los problemas más urgentes y trata de encontrar una solución. Sigue el modelo.

MODELO: El aire de las grandes ciudades está contaminado porque hay muchas fábricas.
         Es importante que *el gobierno tome control de la situación*.

1. Hay mucho ruido en la ciudad, a causa de los carros y la construcción.

   Es necesario que _____.

2. Hay mucha basura en las calles.

   Es bueno que _____.

3. El crimen aumenta cada día. Hay más jóvenes que llevan armas de fuego *(guns)*.

   Es importante que _____.

4. Es dificil llegar a tiempo al trabajo porque hay mucho tráfico en las carreteras.

   Es mejor que _____.

5. Vivir en la ciudad cuesta mucho. El costo de la vida sube cada mes.

   Es posible que _____.

12-3 **Ojalá** Tu amigo es muy pesimista, pero debe ser más optimista. Siguiendo el modelo, escribe oraciones, usando **ojalá** (que).

MODELO: La capa de ozono está casi destruída.
Ojalá (que) *la capa no esté casi destruída.*

1. No hay agua potable en los pueblos pequeños.

_____

2. Se acabó la energía en esta planta nuclear.

_____

3. No se explota más petróleo porque no hay recursos.

_____

4. La gente no recicla las latas de aluminio *(aluminum cans).*

_____

5. Se destruyen más bosques para construir nuevas casas.

_____

6. Los gobiernos no resuelven sus problemas políticos.

_____

7. Nadie quiere estudiar ecología.

_____

8. El agua de los ríos está contaminada.

_____

ESTRUCTURA II Expressing doubts, uncertainty, and hypothesizing: the subjunctive with verbs, expressions of uncertainty, and with adjective clauses

12-4 **Opinión** Expresa tu opinión sobre estas ideas. Sigue el modelo.

MODELO: ¿Crees que hay mucha contaminación en Los Ángeles?
Sí, creo que hay contaminación en Los Ángeles.
o *No creo que haya contaminación en Los Ángeles.*

1. ¿Crees que el precio del petróleo no va a subir más?

_____

2. ¿Crees que se va a acabar la violencia en las ciudades grandes?

_____

3. ¿Es cierto que conoces los parques naturales de Costa Rica?

_____

4. Tus amigos están seguros que gastas mucho dinero. ¿Es cierto?

_____

5. ¿Piensas que en los colegios hay más crimen que en las universidades?

_____

6. ¿Crees que los políticos dicen la verdad?

_____

7. ¿Es cierto que las carreteras están más congestionadas de carros cada año?

_____

12-5 **Dudas o no dudas** Lee las siguientes declaraciones y contesta si dudas o no dudas, según el modelo.

MODELO: Tengo energía solar en mi finca.
Dudo que tengas energía solar en tu finca.
o *No dudo que tienes energía solar en tu finca.*

1. Nado en el río Amazonas todas las mañanas.

_____

2. Mi familia tiene dos tigres y un elefante en nuestra casa.

_____

3. Las aves son más inteligentes que los perros.

_____

4. Los árboles no producen oxígeno.

_____

5. Los aerosoles ayudan a proteger la capa de ozono.

_____

6. El plástico es bueno para el medio ambiente.

_____

7. La gente debe arrojar su basura a los arroyos.

_____

8. El oso y el tigre son animales domésticos.

_____

12-6 **Entrevista** ¿Qué opinas de las siguientes ideas? Expresa tu opinión usando oraciones completas. ¡OJO! Tienes que decidir si necesitas usar el subjuntivo o el indicativo. Sigue el modelo.

MODELO: Hay mucha violencia en la televisión.
Es cierto que hay mucha violencia en la televisión.
o *No creo que haya mucha violencia en la televisión.*

1. Los niños ven demasiadas horas de televisión.

   _____

2. Se ponen pocas noticias buenas en la televisión.

   _____

3. La gente no hace muchos esfuerzos para conservar los recursos naturales.

   _____

4. Las playas están contaminadas.

   _____

5. El ruido también es una forma de contaminación del medio ambiente.

   _____

12-7 **Repaso** Usa la expresión apropiada según el contexto. Sigue el modelo.

MODELO: *Es cierto que* en Costa Rica hay muchos parques naturales.

| no es cierto que | no dudo que | creo que | me alegro de que | dudo que |
| ojalá | es importante que | es ridículo | es imposible que | tener miedo de que |

1. _____ la capital de Costa Rica sea la Paz.

2. _____ los campesinos quieran cultivar en la ciudad.

3. _____ es importante proteger el medio ambiente.

4. Mi padre _____ yo viva en un rascacielos.

5. _____ la gente proteja el medio ambiente.

6. _____ el costo de vida suba en el futuro.

7. _____ gente muera por falta de oxígeno.

8. _____ el mono es inteligente.

9. _____ ellos reciclen el plástico.

10. _____ la gente arroje tanta basura.

12-8 **Sueños** Muchas personas que viven en ciudades grandes tienen sueños para el futuro. Completa las oraciones siguientes con la forma correcta del subjuntivo. Sigue el modelo.

MODELO: Algún día quiero vivir en una ciudad que *esté* (estar) cerca del mar.

1. Algún día la gente desea vivir en una ciudad que _____ (ser) limpia y organizada.

2. Algún día quiero vivir en una ciudad que _____ (tener) transporte público barato y eficiente.

3. Algún día los jóvenes desean vivir en una ciudad en que no _____ (haber) tanta gente.

4. Mis padres quieren vivir algún día en una ciudad en que la gente _____ (ser) amable y honesta.

5. Algún día deseo vivir en una ciudad en que las escuelas _____ (educar) bien a los niños y les _____ (enseñar) a respetar la naturaleza.

12-9 **Ideales** En parejas, hagan una lista de dos características que buscan en las siguientes personas o situaciones. Sigan el modelo.

MODELO: un cuarto
Busco un cuarto que sea limpio y grande.

1. novio(a)

_____

2. clases

_____

3. trabajo

_____

4. vacaciones

_____

5. pasatiempo

_____

6. amigos

_____

CAPÍTULO 13 El mundo del espectáculo: Perú y Ecuador

ESTRUCTURA I Talking about anticipated actions: subjunctive with purpose and time clauses

13-1 **Conjunciones que siempre requieren subjuntivo** Escribe las conjunciones y su significado en inglés para completar el acrónimo SPACE. Sigue el modelo.

MODELO: S
sin que (without)

S _____

P _____

A _____

C _____

E _____

13-2 **Planes problemáticos** Completa estas oraciones, usando la forma correcta del presente de subjuntivo. Sigue el modelo.

MODELO: Voy al ballet con tal de que tú me *acompañes* (acompañar).

1. Juan va a ver en la tele un programa de adultos sin que sus padres lo

_____ (saber).

2. Los actores tienen que ser muy buenos para que la gente no se _____

(aburrir).

3. El cantante va ir a la playa con tal que _____ (hacer) sol.

4. Iré al cine en caso de que el progama de fútbol se _____ (cancelar).

5. No vamos a jugar en la calle a menos que mi papá nos _____ (dejar) salir.

13-3 **¿Qué dices?** Termina las oraciones como te guste, usando la forma correcta del presente de subjuntivo. Sigue el modelo.

MODELO: Llevaré el vestido de baño en caso de que *haga sol.*

1. Lo ayudaré con la tarea para que él _____.

2. Llevamos dinero en caso (de) que ellos _____.

3. Los niños no deben mirar la televisión tarde a menos que sus padres _____.

4. Vas al ballet conmigo con tal que yo _____.

5. El actor va a salir del teatro sin que el público _____.

6. Trabajaré con la actriz aunque no _____.

13-4 **Adverbios y expresiones adverbiales de tiempo** Completa las expresiones adverbiales y escribe su significado en inglés. Sigue el modelo.

MODELO: A *antes de que* (before)

C _____

H _____

A _____

T _____

D _____

13-5 **Visita al Ecuador** Completa el párrafo con la forma correcta de los verbos entre paréntesis.

Cuando yo _____ (llegar) a Quito, visitaré las catedrales. Iré con mi amigo, el

pintor, para que me _____ (mostrar) y _____ (explicar) todo

sobre el arte quiteño. Por la tarde, en caso que mi amigo no _____ (querer)

salir, me quedaré en el hotel para comer. Antes de que me _____ (despedir) de

mi amigo, le voy a dar un regalo. Después de que él se _____ (ir), si no estoy

cansada, voy a escribirles a mis amigos.

13-6 **Conversación** Completa la conversación entre Carlos y Cristina, usando apropiadamente las conjunciones y las expresiones adverbiales de la lista.

aunque   en caso de que   después de que   con tal (de) que   para que   tan pronto como

Carlos: ¿Qué vamos a hacer mañana en Guayaquil, Cristina?

Cristina: _____ desayunemos, vamos a la playa _____

haga sol. _____ llueva, podemos ir al museo. ¿Qué te parece, Carlos?

Carlos: ¡Bien! Luego podemos visitar a mi abuelita, _____ la conozcas

mejor. _____ ella tiene noventa años, es una mujer bastante activa.

Cristina: Sí, la conocí ayer en la iglesia. _____ llegué allí, ella se presentó,

luego me abrazó. Es muy simpática, Carlos.

13-7 **Amigos** Completa las oraciones para indicar lo que hiciste y lo que va a hacer tu mejor amigo.

1. Mi papá llegó cuando yo _____ (irse). Mi mejor amigo va a llegar cuando yo no _____ (estar).

2. Mi novio(a) me llamó tan pronto como él (ella) _____ (saber) la noticia. Mi mejor amigo va a llamar tan pronto como él lo _____ (saber).

3. Mi mamá me esperó hasta que yo _____ (ver) la telenovela. Mi mejor amigo va a esperarme hasta que yo _____ (ver) la telenovela.

4. Ayer fui al partido pero desafortunadamente _____ (llover). Hoy mi mejor amigo va a ir al partido antes de que _____ (llover).

5. Después de que el cantante ganó el concurso, nosotros _____ (ir) a verlo. Mi mejor amigo va a verlo después de que él _____ (ganar) el concurso.

13-8 **Entrevista** Hazle las siguientes preguntas a un(a) compañero(a).

1. ¿Qué harás cuando llegues a casa?

2. En caso de que no tengas clase hoy, ¿qué piensas hacer?

3. ¿Adónde irás después de que se termine la clase?

4. ¿Hablas siempre con tu profesor(a) tan pronto como sacas malas notas?

5. ¿Tus padres te mandan dinero para que los llames con frecuencia?

6. ¿Qué harás antes de que tus padres vengan a visitarte?

7. ¿Te vas a casar después de que te gradúes de la universidad o antes?

13-9 **Futuras vacaciones** ¿Qué planes tienes para tus próximas vacaciones? Rellena los espacios en blanco según las indicaciones y según tus planes y preferencias.

1. Para mis próximas vacaciones, pienso ir a _____, con tal de que _____.
   (lugar)

2. Cuando llegue allí, espero _____ a menos que _____.
   (actividad–verbo)

3. Después de que mis amigos _____, creo que voy a _____.
   (actividad–verbo)

4. En caso de que _____, voy a _____.
   (problema o actividad–verbo)

5. Finalmente, voy a volver a casa cuando _____.
   (verbo)

Nombre _____ Fecha _____

ESTRUCTURA II Talking about unplanned or accidental occurrences: no-fault *se* construction

13-10 **No es culpa mía** Siguiendo el modelo, completa el cuadro de acuerdo con el dibujo.

	A + pronombre o nombre	se	pronombre de objeto indirecto	verbo	sujeto
Patricia	A Patricia	se	le	acabó	la gasolina.
1. Paloma					
2. Yo					
3. Nosotros					
4. Ellos					
5. El músico					

13-11 **Traducción** Escribe en español las siguientes oraciones, usando la construcción **se + objeto indirecto + verbo + sujeto.** Sigue el modelo.

MODELO: I dropped my cup of coffee. *Se me cayó la taza de café.*

1. We ran out of books for the class. _____

2. My sunglasses broke. _____

3. You forgot your keys? _____

4. They lost their credit card in the ATM. _____

5. She dropped the books. _____

ASÍ SE DICE Describing completed actions and resulting conditions: use of the past participle as adjective

13-12 **Repaso** Completa la lista con el participio pasado de cada verbo. Sigue el modelo.

MODELO: abrir   *abierto*

1. descubrir _____ 7. morir _____

2. decir _____ 8. poner _____

3. romper _____ 9. cubrir _____

4. ver _____ 10. resolver _____

5. volver _____ 11. hacer _____

6. escribir _____

13-13 **En el teatro** Los estudiantes acaban de representar una obra de teatro. Completa las oraciones, usando la forma correcta de ser y el participio pasado. Sigue el modelo.

MODELO: La obra se terminó. *La obra fue terminada.*

1. La cortina se abrió a las 8:00 de la noche. _____

2. Los actores dijeron sus diálogos. _____

3. El dramaturgo escribió la obra. _____

4. El protagonista descubrió un secreto. _____

5. Los problemas se resolvieron. _____

6. Una escultora puso sus esculturas en el escenario. _____

7. Doscientas personas vieron la obra. _____

13-14 **Las cosas acabadas** Describe las acciones que se han completado, usando el verbo **estar** más la forma correcta del participio pasado. Sigue el modelo.

MODELO: El pintor pintó el cuadro. *El cuadro está pintado.*

1. La cantante dijo la verdad. _____

2. El poeta escribió los poemas. _____

3. El bailarín se rompió la pierna. _____

4. El director hizo la película. _____

5. Los actores apagaron las luces. _____

6. La escritora devolvió los libros. _____

CAPÍTULO 14 La vida pública: Chile

ESTRUCTURA I Talking about future events: the future tense

14-1 **El reportaje** Imagínate que eres reportero(a), y que acompañas al candidato(a) que quiere ser representante ante el congreso. Completa las oraciones en el futuro.

1. Yo les _____ (decir) la verdad a todos.

2. El (La) candidato(a) _____ (poner) nuevas leyes en el congreso.

3. El (La) candidato(a) _____ (hacer) discursos todos los días.

4. Muchas personas _____ (venir) a escucharlo.

5. Nosotros _____ (tener) que viajar mucho durante la campaña.

6. El (La) candidato(a) _____ (poder) cambiar la corrupción que hay en el gobierno.

7. Él (Ella) _____ (saber) defender los derechos.

8. Yo _____ (querer) informar al público sobre sus opiniones.

9. El (La) candidato(a) y yo _____ (salir) a protestar sobre la desigualdad.

10. _____ (Haber) cambios importantes después de las elecciones.

14-2 **En contraste** ¿Cómo será la situación en el futuro? Escribe tu opinión, usando el mismo verbo en el futuro. Sigue el modelo.

MODELO: El alfabetismo aumenta este año.
En el futuro, *el alfabetismo aumentará hasta alcanzar a toda la población.*

1. Hoy, hay pocos candidatos. En el futuro, _____
_____ .

2. El gobierno no apoya las huelgas. En el futuro, _____
_____ .

3. Actualmente, los impuestos son altos. En el futuro, _____
_____ .

4. Muchas personas saben usar el Internet. En el futuro, todo el mundo _____
_____ .

5. Hoy día, el terrorismo afecta a muchos países. En el futuro, _____
_____ .

6. Existen muchas desigualdades ahora. En el futuro, _____
_____ .

7. Muchos jóvenes sufren a causa de la drogadicción. En el futuro, _____
_____ .

8. Ahora las mujeres discuten mucho sobre el aborto. En el futuro, _____
_____ .

14-3 | **Un acto terrorista** Hay una explosión de un carro, y muchas personas gritan y otras corren. Una persona dice que hay un mensaje en el Internet sobre una futura explosión. Eres reportero(a) e investigas lo que acaba de ocurrir. Sigue el modelo, escribiendo las preguntas.

MODELO: ¿A qué hora (ocurrir) la otra explosión?
¿A qué hora *ocurrirá* la otra explosión?

1. ¿Quién (ser)? _____

2. ¿Cuántos años (tener)? _____

3. ¿Cómo (ser)? _____

4. ¿Por qué (estar) haciéndolo? _____

5. ¿(Haber) explosiones todas las noches? _____

6. ¿Dónde (explotar) otro carro? _____

7. ¿Otras personas (decir) algo? _____

8. ¿Otras personas (ver) algo? _____

9. ¿El criminal (salir) de otro carro? _____

14-4 | **Respuestas al acto terrorista** Ahora, escribe las posibles respuestas a las preguntas de 1 a 6 de la actividad anterior, describiendo al criminal y sus intenciones. Sigue el modelo.

MODELO: *Será un hombre loco que...*

1. _____

2. _____

3. _____

4. _____

5. _____

6. _____

ESTRUCTURA II Expressing conjecture or probability: the conditional

14-5 | **¿Cómo reaccionarías?** Escribe lo que harías en las diferentes situaciones.

1. Eres el (la) jefe del ejército y hay una guerra.

aumentar el número de soldados y armas _____

defender al pueblo _____

tener paciencia _____

2. Eres el (la) jefe de la policía local.

eliminar las drogas _____

reducir el crimen _____

informar a los jóvenes sobre los riesgos de las drogas _____

3. Eres candidato(a) para el congreso.

decir la verdad _____

hacer debates _____

proponer nuevas leyes _____

4. Eres presidente de una compañía grande.

evitar la huelga _____

saber lo que hacen mis empleados _____

salir a visitar otras compañías _____

14-6   **Reacciones en situaciones personales** ¿Qué harías y cómo te sentirías en los siguientes momentos? Sigue el modelo.

MODELO: Tienes calor.
          Tomaría una Coca-Cola.

1. Tienes sueño. _____

2. Tienes hambre. _____

3. Estás muy gordo(a). _____

4. Debes *(You owe)* mucho dinero. _____

5. Ves una situación donde hay corrupción. _____

6. Tus amigos van a hacer una manifestación contra la administración de la universidad. No estás de acuerdo.

_____

7. Hay una guerra y recibes el mensaje que debes alistarte *(enlist)* en el ejército.

_____

8. Hay un tornado en tu región que destruye muchas viviendas.

_____

14-7   **Circunstancias hipotéticas** ¿Cómo reaccionarías en las siguientes situaciones?

1. al ver al presidente de los Estados Unidos (hablar con él, no decir nada, sentirse nervioso[a])

_____

_____

2. al llegar a un país extranjero (pedir ayuda, tratar de hablar la lengua, aprender las costumbres)

_____

_____

3. al perderte en un bosque (llorar, gritar, buscar el camino de regreso)

_____

_____

4. al recibir una «F» en tus clases (enojarse, discutir con los profesores, ir a la biblioteca, estudiar más) _____

_____

ESTRUCTURA III Making references to the present:
the present perfect subjunctive

14-8 **Puntos de vista diferentes** Indica los deseos o las opiniones de las siguientes personas. Usa el presente perfecto del subjuntivo. Sigue el modelo.

MODELO: Los obreros sienten que *haya disminuido* (disminuir) el trabajo.

1. Los obreros esperan que el jefe _____ (firmar) el nuevo contrato.

2. Ellos sienten que la compañía _____ (reducir) el número de empleados.

3. Según el jefe, es una lástima que los obreros _____ (protestar) contra esta decisión.

4. Él siente que sus empleados _____ (hacer) una huelga para conseguir mejores condiciones y sueldos.

5. Al jefe no le gusta tampoco que algunas mujeres le _____ (decir) a la prensa que había condiciones de desigualdad en la compañía.

6. No es cierto que los jefes _____ (ver) los problemas de discriminación en la compañía.

7. Por eso, es bueno que los periodistas _____ (investigar) los problemas muy de cerca.

14-9 **Las dudas y esperanzas** En parejas, completen las oraciones, usando el presente perfecto del subjuntivo. Sigan el modelo.

MODELO: El profesor espera que todos *hayamos leído la revista.*

1. Mis padres dudan que yo _____.

2. Dudo que mis padres _____.

3. Espero que mi mamá (mi hermano, mi tía, etc.) _____.

4. Deseo que tú _____.

5. Mis abuelos esperan que yo _____.

6. Mi padre espera que el nuevo candidato _____.

7. Es imposible que nosotros _____.

CAPÍTULO 15 Los avances tecnológicos: Uruguay

ESTRUCTURA I Making statements in the past:
past (imperfect) subjunctive

15-1 | **Cosas del pasado** Completa las siguientes oraciones con la forma correcta del verbo indicado. Sigue el modelo.

MODELO: Era posible que la impresora no *tuviera* (tener) papel.

1. Yo esperaba que tú _____ (guardar) el documento en el disco duro.

2. Mi padre quería que yo _____ (comprar) una computadora portátil.

3. Mis amigos le sugerían a la profesora que _____ (leer) su correo electrónico.

4. Tenías miedo que Juan _____ (perder) la videocámara.

5. Les prohibíamos a los niños que _____ (navegar) por la Red.

6. Mi profesora me pidió que _____ (imprimir) el documento.

7. Era necesario que todos _____ (hacer) las correciones en el disquete.

8. Martha estaba sorprendida que la videocasetera _____ (funcionar).

9. Era bueno que nosotros _____ (conectar) la cámara digital y la _____ (prender).

15-2 | **Noticias** Siguiendo el modelo, lee estas noticias y reacciona.

MODELO: Había pocas salas de charla en el Internet el mes pasado.

Era imposible que hubiera pocas salas de charlas en el Internet.

estaba contento(a)	sentía mucho	era bueno	era imposible	era sorprendente
tenía miedo de	era una lástima	era dudoso	era muy triste	esperaba

1. Anoche los teléfonos celulares no funcionaban a causa de la tormenta.

_____

2. Ayer murió el inventor de las computadoras.

_____

3. Unos niños de tres años empezaron a escribir su página web.

_____

4. Las conexiones en el correo electrónico se conectaron de nuevo.

_____

5. Se apagó el fax y no envió el mensaje del presidente.

_____

6. Muchas personas no pudieron abrir los documentos porque había un virus en la Red.

_____

7. El presidente del país perdió su disquete con un mensaje importante.

_____

8. Hubo muchos muertos en el accidente de la mañana en la ciudad.

_____

15-3 **La clase de informática** Ayer en clase todas las personas decían algo. Termina las oraciones según el modelo.

MODELO: El profesor de informática quería que *todos hiciéramos un programa nuevo ayer.*

1. Yo deseaba que el profesor _____.
2. Mi amigo Carlos insistía que la clase _____.
3. El asistente del laboratorio prohibía que nosotros _____.
4. Todos los estudiantes esperaban que el profesor _____.
5. Era importante que cada grupo _____.
6. Sugeriste que alguien _____.
7. Las chicas tenían miedo que su proyecto _____.
8. Era bueno que las computadoras _____.
9. El profesor se sorprendió que la clase _____.
10. La clase dudaba que yo _____.

15-4 **Sé educado (polite)** Estás de compras y quieres ser cortés. ¿Qué le dices al (a la) empleado(a)? Usa el pasado del subjuntivo de los verbos **querer, poder** y **deber.** Sigue el modelo.

MODELO: Quieres ver una cámara digital.
    Quisiera ver una cámara digital.
    o *¿Pudiera ver esa cámara digital?*

1. Quieres saber el precio de la cámara.

_____

2. Quieres hablar con el dueño del almacén sobre el precio.

_____

3. Le pides a la empleada que te traiga un disquete.

_____

4. Tu amigo va a comprar una marca de disquetes que es mala.

_____

5. En la tienda ves a un(a) amigo(a) y deseas salir con él (ella) esta noche.

_____

Nombre _____ Fecha _____

15-5 | **Repaso del subjuntivo** Escribe la forma correcta del verbo. ¡OJO! Cuidado con el tiempo del verbo. Sigue el modelo.

MODELO: Martha quería que *fueras* (ir) a la fiesta.
o Martha quiere que *vayas* (ir) a la fiesta.

1. Mi mamá me da dinero para que _____ (comprar) un escáner.

2. Buscaba apartamento que _____ (tener) garaje.

3. Mario tenía miedo que Ana _____ (estar) enferma.

4. Creo que el Internet _____ (ser) interesante.

5. Salí a comprar el disco compacto antes de que los _____ (vender).

6. No hay nadie que no _____ (saber) usar el correo electrónico.

7. Veré el mensaje cuando _____ (abrir) el documento.

8. Desconecté la computadora portátil en caso de que no _____ (venir) la luz.

9. Es importante que _____ (guardar) el disquete en una caja.

10. No existía ningún equipo que _____ (hacer) conexiones con el fax.

11. Era necesario que Uds. _____ (usar) el control remoto.

ESTRUCTURA II Talking about hypothetical situations: *if* clauses

15-6 | **Si estuvieras en Uruguay** ¿Qué harías en estas circunstancias? Siguiendo el modelo, escribe las oraciones con los verbos dados.

MODELO: estar en Uruguay
Si estuviera en Uruguay, visitaría la capital.

1. comer la comida típica _____

2. hablar español _____

3. viajar por todo el país _____

4. comprar cosas de cuero _____

5. sacar fotos de varios lugares _____

6. hacer amigos uruguayos _____

7. aprender la historia del país _____

8. ir a una fiesta patronal (de un santo)

15-7 | **Sueños de amigos** Completa la siguiente conversación entre Patricia y Martha.

Patricia: ¿Qué _____ (hacer) si te ganaras la lotería hoy?

Martha: Yo _____ (viajar) a todos los países del mundo.

Patricia: Me _____ (gustar) acompañarte. ¿_____ (Poder) ir yo?

Martha: ¡Cómo no! Nosotras _____ (salir) de viaje.

Patricia: ¿Adónde _____ (ir) primero, Martha?

Martha: _____ (Tomar) un avión al Uruguay para visitar a mi familia.

15-8 | **Soñar no cuesta nada** Siguiendo el modelo, completa las oraciones según el contexto.

MODELO: si ser el (la) presidente(a)...
Si fuera el presidente, les daría más dinero a las escuelas para comprar más computadoras.

1. si ser millonario(a)... _____

_____

2. si crear una página web... _____

_____

3. si comprar una cámara... _____

_____

4. si ser famoso(a)... _____

_____

5. si tener un teléfono portátil... _____

_____

6. si navegar por la Red... _____

_____

7. si necesitar buscar un trabajo... _____

_____

8. si ser inventor(a)... _____

_____

9. si vivir en Montevideo... _____

_____

Encuentro cultural

CAPÍTULO PRELIMINAR ¡Mucho gusto!

P-1 **Reuniones** Write what people do in these plazas and this park.

1. Plaza de Mayo _____

_____

2. Zócalo _____

_____

3. Central Park _____

_____

P-2 **¿Tú o Ud.?** Write whether you would address the following people using **tú** or **Ud.**

1. your classmate _____
2. a child you don't know _____

3. your instructor _____
4. an adult you don't know _____

P-3 **Los saludos** Circle the best response to each situation. There may be more than one correct answer.

1. You meet a Spanish-speaking man and his wife.

   Give them each a hug.

   Shake their hands.

   Nod your head.

2. A Spanish-speaking friend gives you a hug.

   Return the hug.

   Kiss your friend's cheek.

   Shake your friend's hand.

3. You run into a Spanish-speaking friend in a restaurant. He offers his hand.

   Hug him.

   Kiss your friend's cheek.

   Shake your friend's hand.

Nombre _____ Fecha _____

CAPÍTULO 1 En una clase de español: Los Estados Unidos

1-1 **Los Hispanos en los Estados Unidos** In which states have Spanish-speaking groups settled? Write the names of the states for each group.

1. los mexicanos _____

2. los puertorriqueños _____

3. los cubanos _____

4. Of the three groups, which are already American citizens? _____

5. Write the names of other significant Hispanic nationalities in the U.S. _____

_____

1-2 **La educación en América Latina y España** Write the answers to the questions below.

1. What terms are used to refer to high school in the Spanish-speaking world? _____

_____

2. What must a student do in order to attend college in a Latin American country? _____

_____

3. What differences are there between student life in the United States and in Latin America or

Spain? _____

_____

_____

4. What differences are there in the course of studies? _____

_____

1-3 **¿Qué significan?** What do the following words mean in English?

1. el colegio _____

2. el politécnico _____

3. las materias electivas _____

4. las pensiones _____

5. la primaria _____

6. el título _____

1-4 **El sistema de 24 horas** Escribe (V) verdadero o (F) falso antes de las siguientes oraciones.

_____ 1. El sistema de 24 horas se usa en los horarios de la escuela.

_____ 2. El sistema de 24 horas se usa en los programas de radio y televisión.

_____ 3. Las citas de negocios en España comienzan a tiempo.

_____ 4. Las fiestas sociales comienzan 15 minutos tarde.

_____ 5. Las citas médicas en España no comienzan a tiempo.

Nombre _____ Fecha _____

CAPÍTULO 2 En una reunión familiar: México

2-1 **Una tarjeta de invitación** Read the First Communion invitation on the right, and complete the following statements.

1. What is the last name of María Inés?

   _____

2. Who are the padrinos? _____

3. What is their relationship to María Inés?

   _____

4. In her mother's name, which *apellido* is her father's? _____

5. In the invitation, how are the parents referred to? What would be the equivalent in English? _____

6. How old was María Inés when she was baptized?

ME LLAMO
María Inés
Nací el día 13 de julio de 1988
MIS PAPITOS
Carlos A. Aguilar
Laura C. Vázquez de Aguilar
MIS PADRINOS
Rafael C. Aguilar
Ana María Vázquez de Olmos
Me bautizaron el 9 de agosto de 1988
EN LA PARROQUIA
Ntra. Sra. del Valle
Guadalajara

2-2 **Fiesta de matrimonio** Read the wedding announcement on the right, and then answer the following questions.

1. ¿Cómo se llaman los suegros de Hugo?

   _____ y

   _____

2. ¿Quién es el suegro de Patricia?

   _____

   _____

3. ¿Qué título puede usar Patricia para su suegro?

   _____

   _____

El señor Jairo Serna Moreno
La señora Teresa Saldarriaga de Serna
El señor Luis Gómez Domínguez
participan el matrimonio de sus hijos
Patricia Serna Saldarriaga
y
Hugo Gómez Martínez
ceremonia que se celebrará el día
viernes 17 de diciembre
a las siete de la noche en la
Iglesia de los Santos Apóstoles

Calle Pancho Villa No 6612
Ciudad de México
diciembre de 1999

2-3 **La familia** Contesta las preguntas siguientes.

1. Francisco Nieto Alcaide se casa con María Teresa Narváez Pérez. Ella ahora se llama _____.

2. El hijo de Francisco y María Teresa se llama Pablo. Su nombre completo (nombre y apellidos) es _____.

3. ¿Cuál es más grande, una familia hispana o norteamericana? _____ Explica por qué. _____

CAPÍTULO 3 El tiempo libre: Colombia

3-1 | **Los deportes** Escoge la respuesta apropiada para cada pregunta.

1. ¿Qué deporte es el más popular en el mundo hispano?
   a. el fútbol
   b. el béisbol
   c. el básquetbol

2. ¿De qué nacionalidad son Pelé y Maradona?
   a. colombiano e italiano
   b. argentino y colombiano
   c. brasileño y argentino

3. ¿Qué deporte es popular en Panamá y Venezuela?
   a. el fútbol
   b. el tenis
   c. el béisbol

4. Sammy Sosa juega para la liga de
   a. la República Dominicana.
   b. los Estados Unidos.
   c. Venezuela.

3-2 | **El café colombiano** Lee el siguiente párrafo y contesta las preguntas.

Juan Valdez es un colombiano muy conocido por todo el mundo por llevarle la imagen del café de Colombia al mundo. Su café se caracteriza por su fuerte aroma, frescura y sabor. Todas las mañanas muchas personas en el mundo se levantan para saborear el delicioso aroma del café que es 100% puro colombiano. En muchos hogares y oficinas en los Estados Unidos, a la gente le gusta beber este café durante el día.

1. ¿Por qué es conocido Juan Valdez? _____

   _____

2. Nombra tres características del café. _____

   _____

3. ¿En qué lugares se bebe café en los Estados Unidos? _____

   _____

4. ¿Te gusta el café? _____

   _____

5. ¿Cuándo tomas café? _____

   _____

CAPÍTULO 4 En la casa: España

4-1 **La vivienda en el mundo hispánico** Contesta las siguientes preguntas.

1. ¿Qué factores influyen (*influence*) en la construcción de las casas en Latinoamérica y España?

_____

2. En los Estados Unidos, hablamos del primer piso. ¿Cómo se llama en España? _____

_____

3. ¿Por qué los apartamentos son más populares en Madrid? _____

_____

4. ¿Cuáles son los edificios más altos de los Estados Unidos? _____

_____

4-2 **Gaudí** En el Internet, busca bajo la palabra clave «Gaudí» para contestar las siguientes preguntas.

1. ¿Dónde están las obras principales de Gaudí?

_____

2. ¿Qué es La Sagrada Familia? ¿Está completa?

_____

3. ¿Por qué no la terminó Gaudí?

_____

4. Otro nombre para la Pedredera es _____

_____.

5. ¿De qué material está hecho el edificio la Pedredera?

_____

6. ¿Qué actividades hay para el público en la Pedrera?

_____

7. ¿Conoce Ud. un arquitecto famoso americano como Gaudi? ¿Cómo se llama?

_____

4-3 **¿Cierto o Falso?** Escribe V si la oración es verdadera y F si es falsa.

_____ **1.** Las viviendas hispánicas se caracterizan por la variedad.

_____ **2.** La Alhambra es uno de los palacio fortalezas musulmanes más famosos del mundo.

_____ **3.** Dalí es un famoso pintor cubista.

_____ **4.** *Las Meninas* se considera probablemente la obra maestra de Velázquez.

_____ **5.** *Duelo a garrotazos* de Francisco de Goya retrata la brutalidad humana.

_____ **6.** Es evidente que *Guernica*, de Picasso, fue inspirado por el amor de la naturaleza.

CAPÍTULO 5 La salud: Bolivia y Paraguay

5-1   **Las consecuencias de la altura en La Paz** Contesta las siguientes preguntas.

1. ¿Qué tienen en común Denver y La Paz? _____

2. ¿Qué actividades debemos hacer para aclimatarnos? _____

3. ¿Cuáles son los síntomas del mareo? _____

4. ¿Cuando comienzan los síntomas? _____

5. ¿Desaparecen los síntomas en 24 horas? _____

6. ¿Qué medicina debemos llevar si vamos a La Paz? _____

7. La gente de Bolivia, ¿qué usa para aliviar el mareo y el soroche (*altitude sickness*)? _____

_____

8. ¿Qué otros usos tiene la coca para la gente andina? _____

5-2   **Compara los usos de estas hierbas** Consulta tu libro de texto para llenar los espacios.

	La coca	El mate	La stevia
Origen	*países andinos*		
Usos	*aliviar el dolor de cabeza, el mareo, etc.*		
Países en que se consume	*Bolivia, Perú, Ecuador*		

5-3   **Medicinas** Tú y tus amigos van a un médico indígena en Bolivia. Adivina qué medicina escoge para aliviar algunos de sus problemas.

1. Tengo soroche.
   - **a.** aspirina
   - **b.** hojas de coca
   - **c.** yerba de mate

2. Juan tiene insomnio.
   - **a.** té de coca
   - **b.** té de mate
   - **c.** té de coco

3. Marta está super cansada.
   - **a.** beber un té de coca
   - **b.** masticar coca
   - **c.** beber mate

CAPÍTULO 6 ¿Quieres comer conmigo esta noche?: Venezuela

6-1   **La comida venezolana** Identifica o escoge la respuesta correcta.

1. Las arepas son
   a. una persona.
   b. un lugar.
   c. una comida.

2. El pabellón está compuesto de estos ingredientes: caraotas negras, arroz blanco, carne mechada y
   a. bananas fritas.
   b. tajadas de plátano frito.
   c. papas fritas.

3. El chipichipi es
   a. un postre.
   b. una verdura.
   c. una sopa.

4. Las arepas están hechas de harina de
   a. trigo (*wheat*).
   b. maíz.
   c. arroz.

5. Algunos rellenos de la arepa son
   a. jamón y queso.
   b. huevo y carne molida.
   c. a y b.

6. La sobremesa es
   a. un plato que se sirve después del postre.
   b. el tiempo cuando la gente habla después de comer.
   c. una bebida.

7. Un postre simple en un restaurante venezolano consiste en
   a. un helado de vainilla.
   b. un crème brûlée.
   c. una fruta.

8. El café se sirve
   a. con la entrada.
   b. con el plato principal.
   c. después del postre.

6-2   **Preguntas personales** Contesta las siguientes preguntas según tus costumbres.

1. ¿De qué hablas durante la sobremesa? _____

   _____

2. En tu familia, ¿se acostumbra a hacer la sobremesa? _____

3. ¿Qué te gusta tomar durante la sobremesa? _____

   _____

4. ¿Qué te gusta comer de postre? _____

Nombre _____ Fecha _____

7-1 **Comparación** Compara Buenos Aires con una ciudad que conozcas *(know)*. Primero, escribe los aspectos. Luego, escribe oraciones, comparando las dos ciudades. Sigue el modelo.

MODELO: Buenos Aires: 11 millones de habitantes
Greencastle: 10 mil habitantes
Greencastle es más pequeña que Buenos Aires.

Aspectos	Buenos Aires	Una ciudad que conozcas
Número de habitantes		
Descripción de la ciudad		
Objetos artesanales		
Boutiques elegantes		

_____

_____

_____

_____

7-2 **Preguntas personales** Contesta las siguientes preguntas.

1. ¿Qué compras en una boutique? _____

2. ¿Cuánto cuesta? _____

3. ¿Conoces una feria artesanal en tu región? ¿Qué se vende? _____

_____

4. ¿Qué compras en las ferias artesanales? _____

7-3 **Artículos de ropa** Escribe la letra apropiada en el espacio.

_____ 1. pollera   a. cartera

_____ 2. buzo   b. falda

_____ 3. campera   c. camiseta

_____ 4. billetera   d. chaqueta

_____ 5. remera   e. sweatshirt / turtleneck sweater

7-4 **El tango en Buenos Aires** Compara el tango con otro baile típico de los Estados Unidos (o de otro país). Para buscar información sobre el tango, puedes buscar bajo «tango» o visitar uno de estos sitios:

http://buenosairestango.com/index2.htm
http://www.artplus.es/tango

Características	El tango	Otro baile
Origen		
Personas	*dos: hombre y mujer*	
La ropa		
Ritmo de la música (lento, rápido)		
Lugares en donde se baila		

CAPÍTULO 8 Fiestas y vacaciones: Guatemala y El Salvador

8-1   **Santo Tomás de Chichicastenango** Empareja las descripciones con los lugares. ¡OJO! Hay dos posibles respuestas para cada lugar. Sigue el modelo.

MODELO: la Iglesia de Santo Tomás
La gente prende velas y les ofrece flores a las almas de los muertos.

el centro comercial
la Iglesia Santo Tomás
el Monasterio de Santo Domingo

a 87 millas de la ciudad de Guatemala
La gente ora y quema incienso; es una mezcla de ritos
    católicos y paganos.
El mercado se lleva al cabo el jueves y el viernes.
Es un libro sagrado de los mayas.
La gente prende velas y les ofrece flores a las almas de
    los muertos.
Allí se encontró el Popol-Vuh.

8-2   **El Arzobispo Óscar Romero** Contesta brevemente.

1. ¿Qué le pasó al Arzobispo Romero durante una misa en 1980?

_____

2. ¿Cuál fue el motivo o causa de lo que le pasó?

_____

3. ¿Puedes pensar en algún líder religioso de EE.UU. a quien le pasó lo mismo? ¿Cuándo ocurrió?

_____

_____

4. ¿Qué le pidió la Iglesia guatemalteca al Vaticano respecto al arzobispo después de su muerte?

_____

5. ¿Crees que el arzobispo debe ser considerado santo por la Iglesia Católica? ¿Por qué?

_____

_____

_____

Nombre _____ Fecha _____

CAPÍTULO 9 De viaje por el Caribe: La República Dominicana, Cuba y Puerto Rico

9-1 **Cierto o falso** Escribe C si la oración es correcta y F si es falsa.

_____ 1. La República Dominicana fue una de las primeras colonias españolas.

_____ 2. Los taínos eran una tribu indígena de Cuba.

_____ 3. Los puertorriqueños pueden votar en las elecciones de EE.UU.

_____ 4. La medicina es gratis en Cuba.

_____ 5. La Escuela Latinoamericana de Ciencias Médicas ofrece becas aun a estudiantes de los EE.UU.

_____ 6. Parte de la influencia de los EE.UU. ha sido el béisbol.

_____ 7. El bloqueo económico de los EE.UU. contra Cuba no ha tenido ningún efecto dañino.

_____ 8. Algunos puertorriqueños piensan que sería buena idea formar un país de la isla; otros quieren ser el estado número 51.

_____ 9. Puerto Rico es un estado libre asociado.

_____ 10. «Tabaco» y «hamaca» son términos que vienen de los taínos, indígenas de Española (hoy día, la República Dominicana y Haití).

9-2 **Preguntas** Contesta brevemente.

1. En tu opinión ¿debe ser gratis la medicina para todos? Explica. _____

_____

2. ¿Cómo es diferente el sistema médico de Cuba del sistema norteamericano? _____

_____

3. ¿Qué es una beca? ¿Qué tipo de becas existen en las uinversidades norteamericanas?

_____

4. ¿Por qué sorprende el hecho de que Cuba ofrezca becas a estudiantes norteamericanos de medicina? _____

_____

5. Si un estudiante norteamericano recibe una beca para estudiar medicina en Cuba, ¿qué tiene que hacer después de graduarse? _____

_____

6. ¿Cómo es diferente Puerto Rico políticamente de Cuba y la República Dominicana?

_____

7. ¿Por qué fueron llevados esclavos negros de negros de África al Caribe en el siglo XVI?

_____

CAPÍTULO 10 Las relaciones sentimentales: Honduras y Nicaragua

10-1 **¿Cierto o falso?** Escribe C si la oración es correcta y F si es falsa.

_____ 1. Tegucigalpa es la capital de Nicaragua.

_____ 2. Honduras es un poco más grande que Tennessee.

_____ 3. Rubén Darío fue un poeta hondureño.

_____ 4. La moneda de Honduras es la lempira.

_____ 5. Managua se encuentra a orillas de un lago del mismo nombre.

10-2 **Preguntas** Contesta las siguientes preguntas brevemente.

1. ¿Por qué pasan los novios hispanohablantes más tiempo comprometidos, antes de casarse que los de los Estados Unidos? _____

_____

2. Muchas bodas hispanoamericanas consisten en dos ceremonias. ¿Cuáles son? _____

_____

3. ¿Muchos novios norteamericanos le piden permiso al padre de la novia para casarse? Explica.

_____

_____ .

10-3 **Preguntas personales** Contesta las siguientes preguntas según tu opinión.

1. ¿Qué opinas del «amor libre»? _____

_____

2. ¿Conoces a personas que se hayan divorciado? _____

_____

3. ¿A qué edad saliste solo(a) sin chaperón(ona)? _____

_____

4. ¿Qué actividades haces cuando sales en pareja? _____

_____

5. ¿Qué prefieres, el matrimonio o la unión libre? ¿Por qué? _____

_____

CAPÍTULO 11 El mundo del trabajo: Panamá

11-1 **Preguntas** Contesta las siguientes preguntas.

1. ¿Qué descubrió Vasco Núñez de Balboa en 1513? _____

2. ¿Cuánto tiempo duró la construcción del canal de Panamá? _____
   _____

3. ¿Quién lo construyó? _____
   _____

4. ¿Qué océanos se unen en el canal? _____
   _____

5. ¿Qué ventajas tuvo el canal para la economía del país? _____
   _____

6. ¿Quién controla el canal ahora? _____
   _____

7. ¿Quién era presidente de los Estados Unidos cuando se trasladó la propiedad del canal a
   Panamá? _____
   _____

8. ¿Originalmente Panamá era parte de qué otro país? _____

9. ¿Conoces otros canales? ¿Cuáles son? _____
   _____

10. ¿Te gustaría viajar en barco? _____
    _____

CAPÍTULO 12 El medio ambiente: Costa Rica

12-1 **Las riquezas naturales** En Costa Rica, hay un paisaje variado con una diversidad increíble de flora y fauna. Marca con una X las cosas que crees que hay, recuérdate de la lectura del libro de texto.

Paisaje	Flora	Fauna
_____ montañas	_____ rosas	_____ culebras
_____ colinas	_____ árboles	_____ insectos
_____ costas	_____ plantas	_____ mariposas
_____ desiertos	_____ orquídeas	_____ quetzales
_____ volcanes	_____ maíz	_____ perezosos
_____ ríos	_____ papas	_____ osos
_____ selvas		_____ aves

12-2 **Reservas biológicas de Costa Rica** Según la lectura, escribe los animales y las plantas que puedes encontrar en estos lugares.

	Monteverde	Tortuguero
la flora		
la fauna		

Nombre _____ Fecha _____

12-3 **Preguntas personales** Contesta las siguientes preguntas.

1. ¿Te gusta visitar los parques naturales? _____

2. ¿Cuál has visitado? _____
_____

3. ¿Hay animales en estos parques? ¿Qué animales hay? ¿Qué tipo de plantas y flores hay?
_____
_____

4. ¿Hablas con el guardaparques cuando visitas un parque? _____

5. ¿Has visto pájaros exóticos, cocodrilos o tortugas en la Florida o en otro lugar?
_____

6. ¿Por qué es importante tener parques naturales? _____
_____

CAPÍTULO 13 El mundo del espectáculo: Perú y Ecuador

13-1 | **El cine norteamericano** Escoge la respuesta correcta según la lectura.

1. ¿Cuáles son los países que han desarrollado la industria del cine?
   a. España y Colombia
   b. España y México
   c. España y Ecuador

2. Pedro Almodóvar es
   a. cantante.
   b. dramaturgo.
   c. director de cine.

3. ¿De qué país es la película *Fresa y chocolate*?
   a. Argentina
   b. México
   c. Cuba

4. *Gregorio; Juliana;* y *Anda, corre, vuela* son películas que forman una trilogía.
   a. mexicana.
   b. peruana.
   c. ecuatoriana.

13-2 | **Comparación de pintores** Selecciona el (la) pintor(a) que más admiras y compáralo(a) con el pintor Oswaldo Guayasamín.

	Oswaldo Guayasamín	Otro(a) pintor(a)
Edad en que empezó a pintar		
Nacionalidad		
Temas		
Técnica		
Nombre de una obra		

CAPÍTULO 14 La vida pública: Chile

14-1 **Régimen militar** Completa el cuadro con información que sepas sobre estos dos personajes.

	Augusto Pinochet	Salvador Allende
Identificar a los personajes		
Vida, actividad política		
Tu opinión		

14-2 **Reacciones** ¿Cómo han reaccionado los siguientes grupos o personas sobre la detención de Pinochet? Escribe sus reacciones y si es necesario, entrevista a algunos de ellos.

1. los grupos de derechos humanos _____

_____

2. los chilenos _____

_____

3. otros grupos en el mundo _____

_____

4. tú y tus compañeros(as) de clase _____

_____

5. tu profesor(a) de español _____

_____

Nombre _____ Fecha _____

CAPÍTULO 15 Los avances tecnológicos: Uruguay

15-1 **Las telecomunicaciones en Uruguay** Escoge la respuesta correcta según la lectura.

1. La palabra Mercosur se refiere a un(a)
   a. compañía de teléfonos portátiles del sur.
   b. mercado común del sur.
   c. compañía de comunicaciones del sur.

2. La tecnología tiene un papel muy importante en el creciente
   a. telecomunicaciones.
   b. mercado global.
   c. economía.

3. Es _____ invertir dinero ahora en Uruguay.
   a. peligroso
   b. bueno
   c. malo

4. El uso del teléfono celular en Uruguay
   a. ha crecido.
   b. ha disminuido.
   c. no ha cambiado.

5. Antel es una compañía que ofrece diferentes sistemas de servicios en
   a. Internet.
   b. teléfonos celulares.
   c. telecomunicaciones.

15-2 **En la palma de la mano** Escoge la respuesta correcta.

1. ¿Cuántos millones de dólares se venderán en Latinoamérica en agendas electrónicas para el año 2004?
   a. más de 500 millones de dólares
   b. menos de 500 millones de dólares
   c. más de 50 millones de dólares

2. ¿Entre qué compañías deben haber alianzas?
   a. entre los fabricantes de las agendas y las compañías proveedoras de servicio de Internet
   b. entre los fabricantes de las agendas y las operadoras telefónicas
   c. Ninguna alianza es necesaria.

¡A escribir!

CAPÍTULO PRELIMINAR ¡Mucho gusto!

P-1 **Soy yo** Write a short paragraph about yourself that answers the following questions

¿Cómo te llamas?

¿De dónde eres?

¿Cuántos años tienes?

¿Cuál es tu dirección?

¿Cuál es tu número de teléfono?

_____

_____

_____

_____

_____

P-2 **Un(a) nuevo(a) amigo(a)** A new student has joined your class. You want to get to know him or her. Write a conversation between you and the student.

Greet him/her

1. Yo: _____

    Estudiante: _____ .

Ask how he/she is

2. Yo: _____

    Estudiante: _____ .

Ask what his/her name is

3. Yo: _____

    Estudiante: _____ .

Say that you are glad to meet him/her

4. Yo: _____

    Estudiante: _____ .

Find out where he/she is from

5. Yo: _____

    Estudiante: _____ .

Find out what his/her phone number and address is now

6. Yo: _____

    Estudiante: _____ .

CAPÍTULO 1 En una clase de español: Los Estados Unidos

Un encuentro You meet your professor on the campus. Write a dialog that includes the following:

Greet each other appropriately.

Find out how your professor is. He or she will ask how you are.

The professor asks what you are studying.

Answer with as many details as possible about courses, days, and times.

Ask him/her about the course he or she is teaching and if he/she likes it.

Finish the dialog by telling the professor what day you will see him/her again.

_____
_____
_____
_____
_____
_____
_____
_____
_____
_____
_____
_____
_____
_____
_____
_____
_____
_____
_____
_____
_____
_____

Nombre _____ Fecha _____

CAPÍTULO 2 En una reunión familiar: México

Mi familia Vas a describir a tu familia. ¿Cuántas personas hay? ¿Quiénes son? ¿Cómo se llaman? ¿Cuántos años tienen? ¿Cómo son físicamente? ¿Cómo es su personalidad? ¿Dónde viven? ¿Quién es tu pariente favorito, y por qué?

_____
_____
_____
_____
_____
_____
_____
_____
_____
_____
_____
_____
_____
_____
_____
_____
_____
_____

CAPÍTULO 3 El tiempo libre: Colombia

¡Es atractivo(a)! Estás en una clase, y quieres conocer a una persona (un chico o una chica) que es atractivo(a). Preséntate *(Introduce yourself)* y pregúntale cómo se llama. Dile de dónde eres y pregúntale de dónde es. Pregúntale lo que le gusta hacer. ¡A ti te gusta hacerlo también! Invítalo(a) a salir contigo a un lugar. ¿Adónde van?

_____

_____

_____

_____

_____

_____

_____

_____

_____

_____

_____

_____

_____

_____

_____

_____

CAPÍTULO 4 En la casa: España

Mi casa ideal Describe your ideal house or apartment. Write a topic sentence at the beginning, telling in what type of place you want to live and move on to describe the features of an ideal place for you. Include the furniture you will have and in what room. Contrast this ideal house with the place where you now live.

_____

_____

_____

_____

_____

_____

_____

_____

_____

_____

_____

_____

_____

_____

_____

_____

_____

_____

_____

_____

_____

CAPÍTULO 5 La salud: Bolivia y Paraguay

¡Ay, me duele! You have to go to the doctor because you feel terrible. Describe all your symptoms (make up several if you have to). The doctor will respond by telling you what you have, and the treatment for each condition.

_____

_____

_____

_____

_____

_____

_____

_____

_____

_____

_____

_____

_____

_____

_____

_____

CAPÍTULO 6 ¿Quieres comer conmigo esta noche?: Venezuela

Mi restaurante favorito Ayer fuiste a tu restaurante favorito con alguien. Primero, ¿con quién fuiste? ¿A qué restaurante fueron Uds.? ¿Por qué? Cada uno pidió algo diferente. Por lo menos, dinos *(tell us)* lo que comieron de plato principal, frutas o vegetales, postre y bebida. Al final, pagaste la cuenta. ¿Cuánto diste de propina?

_____

_____

_____

_____

_____

_____

_____

_____

_____

_____

_____

_____

_____

_____

_____

_____

_____

_____

CAPÍTULO 7 De compras: Argentina

Te preparas para tu carrera Ahora, vas a empezar una narrativa sobre tu vida en el futuro. Primero, necesitas ropa apropiada para el puesto. Recuerda: trata de usar vocabulario preciso y ver que el orden de las palabras es correcto. Planeas ir de compras para hallar la ropa exacta que quieres.

¿Cuánto puedes gastar en total? ¿Qué ropa necesitas comprar, y qué ropa tienes ya en casa? Escribe más de un párrafo sobre tus experiencias al ir de compras.

_____

_____

_____

_____

_____

_____

_____

_____

_____

_____

_____

_____

_____

_____

_____

_____

_____

CAPÍTULO 8 Fiestas y vacaciones: Guatemala y El Salvador

¡Qué fiesta tan memorable! Celebraste una fiesta con tu familia o con otras personas. ¿Qué fiesta era? ¿Cuándo ocurrió? ¿Quiénes participaron en la fiesta? ¿Dónde fue? ¿Qué hicieron? Trata de organizar tus ideas antes de escribir, y hacer que otra persona pueda entender por qué fue tan memorable.

_____

_____

_____

_____

_____

_____

_____

_____

_____

_____

_____

_____

_____

_____

_____

_____

_____

_____

CAPÍTULO 9 De viaje por el Caribe: La República Dominicana, Cuba y Puerto Rico

Mi viaje al extranjero Después de empezar a trabajar, puedes viajar. Tienes la oportunidad de viajar a otro país. Primero, dinos lo que pasó en el avión al llegar al país, y después, debes ir al hotel. Allí necesitas preguntarle a alguien cómo llegar a un lugar que quieres ver. La persona contesta con mucha exactitud porque sabe que no conoces la ciudad.

_____

_____

_____

_____

_____

_____

_____

_____

_____

_____

_____

_____

_____

_____

_____

_____

CAPÍTULO 10 Las relaciones sentimentales: Honduras y Nicaragua

¡Mi boda ideal! Algún director quiere hacer una película sobre tu vida. Es una película romántica. Empieza con el nombre de quién te enamoraste, y describe la persona. (Si tienes que imaginarte un[a] novio[a], está bien). En el segundo párrafo, Uds. se casan. ¿Cómo es la boda? ¿Dónde tiene lugar? ¿Cuándo? ¿Quiénes son los invitados? Y, ¿qué pasa después?

_____

_____

_____

_____

_____

_____

_____

_____

_____

_____

_____

_____

_____

_____

_____

_____

_____

_____

CAPÍTULO 11 El mundo del trabajo: Panamá

El puesto ideal Ahora que has terminado tus estudios, quieres un trabajo ideal. Para empezar, describe tu trabajo ideal. ¿Cuáles son las razones por las que te gusta este puesto? Espera, hay complicaciones. ¡No pudiste conseguir el trabajo ideal! Entonces, describe lo que quieres hacer en vez (instead) del trabajo ideal y por qué.

_____

_____

_____

_____

_____

_____

_____

_____

_____

_____

_____

_____

_____

_____

_____

_____

_____

CAPÍTULO 12 El medio ambiente: Costa Rica

Menosprecio de la corte, alabanza de la aldea Un tema de la literatura ha sido que es mejor vivir en el campo que en la ciudad. Vas a expresar tu opinión sobre este tema. Debes pensar en la introducción para tu composición, en varias razones que apoyen (*support*) lo que prefieres (por ejemplo, dónde hay menos dificultades o mejores posibilidades de trabajar). Al final, llega a una conclusión bastante lógica.

_____

_____

_____

_____

_____

_____

_____

_____

_____

_____

_____

_____

_____

_____

_____

_____

_____

_____

CAPÍTULO 13 El mundo del espectáculo: Perú y Ecuador

¡A divertirte! Hoy por la tarde puedes divertirte. Puedes descansar. ¿Adónde prefieres ir? ¿Qué vas a ver allí? ¿Por qué?

Pero, hay un problema; la persona con quién tenías planes quiere hacer algo totalmente diferente. Entonces, trata de convencerla con tres o cuatro razones diferentes que haga lo que tú quieres. ¿Qué va a pasar al final?

_____

_____

_____

_____

_____

_____

_____

_____

_____

_____

_____

_____

_____

_____

_____

CAPÍTULO 14 La vida pública: Chile

¿Yo? ¿Político(a)? Imagínate que eres candidato(a) para la presidencia del país. Debes de tener lo que llaman «plataforma», es decir, ideas para mejorar la vida de los ciudadanos del país. Preséntate a los votantes, y menciona los problemas (por lo menos cuatro) y cómo puedes resolverlos. Explica por qué eres perfecto(a) para este puesto. Concluye dándole las gracias a los votantes que te escucharon.

_____

_____

_____

_____

_____

_____

_____

_____

_____

_____

_____

_____

_____

_____

_____

_____

_____

_____

CAPÍTULO 15 Los avances tecnológicos: Uruguay

Si hubiera vivido... Ahora vas a imaginarte una vida muy distinta de la que tienes ahora. «Si yo hubiera vivido en 1900...» ¿Cómo habría sido tu vida? ¿Cuáles son las diferencias entre la vida de 1900 y la de hoy? Debes tratar de organizar bien la composición, y no sólo hacer una lista.

_____

_____

_____

_____

_____

_____

_____

_____

_____

_____

_____

_____

_____

_____

_____

_____

_____

Nombre _____ Fecha _____

¡A leer!

CAPÍTULO PRELIMINAR ¡Mucho gusto!

Dra. Cristina Montaña
dentista

Tel. 331 02 15

Calle 36 A Sur No. 46A-81 Of. 228 Medellín

CRUCEROS FANTASÍA
¡Las Vacaciones Inolvidables!
Desde 120 dólares
San Juan, Cozumel, La Habana y el 4to y 5to pasajero viaja gratis.
El crucero que tú siempre soñaste realizar con tus amigos, es ahora posible gracias a Cruceros Fantasía, que te trae los mejores momentos en el Caribe con el mejor precio.

Llámanos inmediatamente para convertir tu sueño en realidad: 1 800 468 7700
Email: info@crucerosfantasia.com.int
Salidas cada viernes
Tarifa incluye: crucero, todas las comidas, espectáculos, múltiples entretenimientos (gimnasio, yacuzzi, canchas, discoteca, etc.)

UNIVERSIDAD VERACRUZANA
escuela para estudiantes extranjeros

Profesora Cecilia Cervantes
Fax [28] 18 64 13
Tel [28] 15 20 30

correo electrónico
ccecilia@speedy.coacade.uv.mex
Apdo. Postal [P.O. Box 220]

DANIEL RESTREPO guitarrista

Avenida del Libertador Nº 18-07
Ciudad de México Tel: 30 25 17 10

P-1 **Preguntas** Contesta las siguientes preguntas.

1. ¿Cómo se llama la persona que trabaja (*works*) con turistas?

   _____

2. ¿Cuál es el número de teléfono de la dentista?

   _____

3. ¿Quién tiene correo electrónico?

   _____

4. ¿Quién es músico? ¿De dónde es?

   _____

5. ¿Cuál es el apellido de la doctora?

   _____

6. ¿Cuál es la dirección del guitarrista?

   _____

CAPÍTULO 1 En una clase de español: Los Estados Unidos

Read the following biographical sketches and answer the accompanying questions.

 ¡Hola! Me llamo Marta López Pinto. Soy de Colombia. Tengo veinte años. Soy estudiante de derecho de la Universidad de Santo Tomás en Bogotá, Colombia. Me gusta bailar y hablar con mis amigos; no me gusta mirar la televisión.

 ¡Hola! Soy Maricarmen Tamayo Aponte. Soy de Madrid, España. Tengo veintitrés años. Estudio inglés en la Universidad de Madrid. Me gusta viajar y practicar inglés con los extranjeros. Tomo clases por la noche, y trabajo en el día.

 ¡Hola! Mi nombre es Carlos Pérez Caballero. Soy de México. Tengo diecinueve años. Estudio economía en la Universidad Veracruzana. Me gusta jugar al fútbol y al básquetbol, y me gusta visitar a mi novia en Jalapa.

 ¡Hola! Me llamo Julia Puentes Santamaría. Tengo catorce años. Soy de Nueva York y mi familia es de Puerto Rico. Estudio matemáticas y lenguas en una escuela secundaria. Cuando no tengo clases, visito a mis amigos y practico básquetbol.

1-1   **Preguntas** Contesta las siguientes preguntas según la lectura.

1. ¿Quiénes pratican los mismos deportes (sports)? _____

2. ¿Quién trabaja? _____

3. ¿Quién tiene más años? _____

4. ¿A quién le gusta hablar a los extranjeros? _____

5. ¿A quién no le gusta mirar la televisión? _____

1-2   **Cognados** Mira el modelo y escribe el significado en inglés de los siguientes cognados.

    MODELO: universidad   *university*

1. economía _____

2. básquetbol _____

3. televisión _____

4. familia _____

5. visitar _____

CAPÍTULO 2 En una reunión familiar: México

La familia Jaramillo Castillo vive en Cancún, México. Ellos y sus hijos son mexicanos. El padre (el papá) se llama Antonio José Jaramillo Valbuena, es médico y trabaja en un hospital. La madre (la mamá) se llama Ana María Castillo de Jaramillo y es ama de casa. El señor Jaramillo y la señora Ana María de Jaramillo juegan al tenis con sus hijos los fines de semana.

Los esposos Jaramillo tienen cuatro hijos, dos niños, Felix Mario y Omar Ricardo, y dos niñas, Carmencita y Nora Teresa. Felix Mario, el hijo mayor, estudia sicología en la U. Autónoma. Omar Ricardo y Carmencita van a la escuela secundaria y Nora Teresa, la hija menor, va a la escuela elemental. Los cuatro hermanos son muy inteligentes y simpáticos.

Los niños Jaramillo Castillo tienen un primo, Vicente José y una prima, Amanda Consuelo. También tienen dos tíos, Luis y Juan Carlos y dos tías, Cecilia y María Eugenia. Los tíos quieren mucho a sus sobrinos, Felix Mario, Omar Ricardo, Carmencita y Nora Teresa.

2-1 **Ojeada (Skimming)** Ojea la lectura y contesta las siguientes preguntas.

1. ¿De qué familia habla la lectura?

   _____

2. ¿Cómo describen a los niños Jaramillo Castillo?

   _____

3. ¿Qué deporte practica la familia?

   _____

2-2 **Otra vez (Again)** Lee el texto otra vez y completa las siguientes oraciones según la lectura.

1. Antonio José Jaramillo V. es el _____ de María Castillo de Jaramillo.

2. Félix Mario y Omar Ricardo son los _____ de Carmencita y Nora Teresa.

3. Ana María Castillo de Jaramillo y Antonio José Jaramillo V. son los _____ de Félix Mario, Omar Ricardo, Carmencita y Nora Teresa.

4. Los niños Jaramillo Castillo son los _____ de Cecila y María Eugenia.

5. Carmencita es la _____ Nora Teresa.

6. Cecilia es la _____ de los niños Jaramillo Castillo.

Nombre _____ Fecha _____

3-1 | **Conocimiento *(Knowledge)* básico** Antes de leer la lectura, contesta las siguientes preguntas.

1. ¿Qué deporte te gusta más? _____

2. ¿Qué deporte practicas y dónde? _____

3. ¿En qué estación del año lo practicas? _____

Carrera de ciclismo
9 horas. Dobel Llay-Llay. 170 kilómetros.
Largada frente a la Cervecería Santiago
(Panamericana Norte) y meta en la
Pirámide. Categorías A, B, C y juniors
Organiza U. Católica.

Básquetbol
6ª fecha de la 2ª rueda del torneo
Dimayor. Partidos en Concepción,
Temuco, Valdivia, Osorno, Puerto Mont
y Ancud.

Ecuestre
Escuela de Carabineros (Antonio Varas
1842). 9 horas: Campeonato de categoría
especial y regional de Amazonas.
Escuela la Caballería. (Quillota) 9 horas:
Concurso Completo de Equitación y
Concurso Hípico Regional.

Natación
Escuela Militar. 13 horas: Campeonato
Nacional de nado sincronizado, figuras.

Tenis
Rancagua (Club ANSCO), 12 horas: final
del Viceroy Tennis Cup. Categoría
Escalafón, varones.

3-2 | **Predicciones** Lee solamente los títulos de los anuncios y subraya el título más apropiado.
¿Por qué lo escogiste *(Why did you choose it)*?

1. Las categorías

2. Los deportes

3. Los campeonatos

3-3 | **Contexto** Lee los anuncios una vez más y contesta las siguientes preguntas.

1. ¿Quién organiza la carrera de ciclismo?_____

2. ¿Qué campeonato hay en las Escuela de Carabineros y en la de Caballería?

_____

3. ¿En dónde va a ser la competencia de natación?_____

4. ¿Cuál deporte es solamente para varones?_____

CAPÍTULO 4 En la casa: España

Read the following classifieds and answer the accompanying questions.

Apartamento con terraza
- Dormitorio.
- Baño completamente renovado.
- Sala con alfombra.
- Cocina: lavaplatos, refrigerador, estufa.
- Terraza con vista a la ciudad.
- Garaje para un carro.
- Situado en la calle Marquéz de Urquijo, cerca de la Universidad.

PRECIO:
- Fianza: €180
- Semana: €300

Estudios para dos personas (45 m^2) en un moderno edificio de apartamentos
- Salón: Dos sofás y dos camas dobles, televisión, antena parabólica.
- Baño: completo. mármol (marble)
- Cocina: integrada a la sala. Totalmente equipada, refrigerador, lavadora.
- Otros servicios: climatización, portero físico (doorman), piscina, ascensores.
- Parada de autobuses, metro, super-mercados, restaurantes a 100 m. máximo. Museo del Prado, Reina Sofía y Estación de tren a 1 km.
- No se permiten animales.

PRECIO:
- Fianza (security deposit) €150
- Semana: €270
- €300 en julio y agosto

4-1 **Clasificados en España** Lee los anuncios para apartamentos en Madrid y contesta las siguientes preguntas.

1. ¿Qué diferencias hay entre los dos apartamentos?

_____

2. ¿Cuál cuesta más?

_____

3. ¿Cuál está cerca (near) de la Universidad?

_____

4. ¿Cuál te gusta más? ¿Por qué?

_____

5. ¿Vives en un apartamento o en una casa? Compárala con uno de los apartamentos.

_____

Nombre _____ Fecha _____

CAPÍTULO 5 La salud: Bolivia y Paraguay

El mate es una bebida o infusión que se prepara con la Yerba Mate y que se puede tomar sin azúcar al que se llama «amargo» o con azúcar al que se le llama «dulce». Generalmente, el mate se puede tomar a cualquier hora del día, solo o con las comidas. Además de ser una bebida, es una tradición, un sentimiento y un símbolo de amistad entre amigos y familiares. Actualmente *(Currently)* se consume en diferentes países de Sudamérica como Argentina, Bolivia, Chile, Paraguay y Uruguay. El origen del mate es muy antiguo. Originalmente, los indios guaraníes lo usaban como una ofrenda *(offering)* a los dioses *(gods)*. Hoy día, muchas personas le atribuyen características curativas por contener potasio, calcio, magnesio y algunas vitaminas y otras le dan cualidades dañinas *(harmful)*.

Al principio del siglo XX se usó el mate para teñir *(dye)* ropa y para la preparación de cosméticos, aceites *(oil)* comestibles y helados *(ice cream)*. «Yermat» es un refresco hecho de la yerba mate que es popular en Sudamérica. Actualmente en Internet se promociona «Shape-plus», un producto que se define como un «suspensor herbal de apetito» *(appetite suppressant)*; este producto contiene 23 hierbas seleccionadas entre las cuales está la yerba mate.

5-1   **Completar** Completa las siguientes oraciones, de acuerdo con la lectura.

1. Según los guaraníes, el mate es _____.

2. Las clases de mate son _____ y _____.

3. Además de ser una bebida, el mate es _____.

4. La gente le atribute características _____.

5. Al principio del siglo XX, el mate se usó para _____.

6. «Yermat» es _____.

5-2   **Sufijos** Escribe las palabras en español que equivalen a *(are equal to)* las palabras en inglés que están a continuación. Refiere a la lectura si necesitas una pista *(hint)*. Sigue el modelo.

   MODELO: actually   *realmente*

1. currently _____

2. generally _____

3. tradition _____

4. preparation _____

5. infusion _____

CAPÍTULO 6 ¿Quieres comer conmigo esta noche?: Venezuela

6-1 | **Antes de leer** Contesta las siguientes preguntas antes de leer la receta.

1. ¿Cuál es el tema principal de la lectura?

2. Adivina (*Guess*) que significa «Vamos a comer».

Vamos a comer ¡Qué rica la carne mechada! Hoy vas a invitar a unos amigos a comer y vas a prepararles la carne mechada. Lee la siguiente receta con cuidado.

Ingredientes
1/2 kilo de falda (flank steak)
una cebolla, cortada en pedazos muy, muy pequeños
un pimentón (green pepper), cortado en pedazos pequeños
dos pedazos de apio (celery), cortados también
una rama de cilantro, picada
6 tomates, cortados en pedazos
ajo
sal
un cubito de carne (bouillon) (opcional)

Pon la carne a cocinar en suficiente agua, y agrega (add) media cebolla y un poquito de sal. Deja hervir (boil) por 45 minutos, saca la carne del agua y reserva una taza de esta agua. Deja enfriar la carne y luego empieza a desmecharla (separate) en pedazos delgados con los dedos. En una sartén grande, pon aceite (1/3 de taza) y todos los siguientes ingredientes: el ajo, la cebolla, el cilantro, el pimentón, el apio en pequeños pedazos. Lo fríes todo por unos minutos. Luego pones los tomates cortados y las cocinas con el resto por unos minutos. Disuelve (Dissolve) el cubito con la taza de agua. Después, agrega esta agua con los otros ingredientes. Revuelve bien y al final pon la carne desmechada con el resto de los ingredientes; mezcla todo bien. Luego, acompaña esta carne con arroz blanco y caraotas negras.

6-2 | **Ojeada (*Skimming*).** Ojea la lectura y contesta las siguientes preguntas.

1. ¿Cuál es el título de la lectura?

_____

2. ¿Cuáles son tres vegetales que se usan en la receta?

_____

3. ¿Con qué otros platos se sirve la carne mechada?

_____

6-3 | **Otra vez (*Again*)** Ojea la lectura cuidadosamente y completa las siguientes oraciones.

1. El tipo de carne que se necesita es _____.

2. La carne se cocina por _____.

3. Desmechar significa _____.

CAPÍTULO 7 De compras: Argentina

7-1   **Trasfondo *(Background)*** Antes de leer el artículo «La última moda» piensa sobre lo que ya sabes acerca de la moda.

1. ¿Qué moda se usaba cuando eras pequeño(a)? ¿Y ahora?

_____

2. ¿Qué colores te gustaba llevar cuando eras pequeño(a)? ¿Y ahora?

_____

3. ¿Qué moda te gustaba más, la de antes o la de ahora? ¿Por qué?

_____

4. ¿Qué tiendas de ropa eran populares?

_____

La última moda

Anoche en el Country Club de la ciudad se llevó a cabo el gran desfile del año. Participaron famosos diseñadores de varios países europeos y latinoamericanos en el evento. Los diseñadores más destacados fueron Paloma Picasso, Carolina Herrera y Óscar de la Renta. Según ellos, las faldas cortas de cuero y las camisas de algodón eran las tendencias de la moda para las jóvenes en la primavera. Y para los jóvenes camisetas de algodón y pantalones cortos.

La ropa casual impactó porque ofrecía más comodidad y facilidad de movimiento. El blanco y el negro permanecían de moda por ser colores fáciles de combinar con otros y dar frescura al cuerpo. Para la noche, el vestido negro de seda con bufanda y sombrero de ala ancha *(broad-brimmed hat)*, seguían teniendo éxito entre la clase alta de la sociedad. Para los ejecutivos de ahora, el viernes es un día muy flexible y menos formal. Pueden dejar los trajes oscuros y la corbata para llevar pantalones de algodón en colores pastel con las camisas deportivas y sus mocasines de cuero. La chaqueta no es un accesorio indispensable para llevar este día.

7-2   **Otra vez** Lee las preguntas, luego lee el texto otra vez y contesta las preguntas.

1. ¿Cuándo y dónde fue el desfile de modas? _____

2. ¿Quiénes participaron? _____

3. ¿Cuál era el estilo para las jóvenes? _____

4. ¿Qué colores estaban de moda y por qué? _____

5. ¿Cuál era el estilo para los jóvenes? _____

6. ¿Cuál era la tendencia para la clase alta? _____

Nombre _____ Fecha _____

CAPÍTULO 8 Fiestas y vacaciones: Guatemala y El Salvador

La tradición de la serenatera en Huehuetenango, Guatemala

La serenata es una tradición muy antigua que ha permanecido en la cultura hispana a través de muchas generaciones. Consiste en llevar música a la mujer amada para ganarse su amor y simpatía. Esta idea de las serenatas se ha hecho tan popular que ahora se utilizan para celebrar cumpleaños, aniversarios y otras festividades. Generalmente, los serenateros van a la casa de la chica tarde en la noche, y le cantan canciones románticas en la calle enfrente de su ventana. Después de que los serenateros tocan algunas *(some)* canciones, es costumbre que la agazajada *(honored)* y su familia invite a los serenateros a entrar a la casa para seguir cantando y a veces *(sometimes)* bailan. Tradicionalmente, se sirven cocktails y pasabocas.

Durante la Semana Santa en Huehuetenango se celebra la famosa tradición serenatera del Miércoles Santo, en la que participan miles de turistas de todas partes del país y fuera de él. La gente asiste para contemplar y escuchar los bellos tonos de la marimba, instrumento autóctono *(native)* de la región. Diferentes grupos se reúnen alrededor del parque central para tocar las bellas melodías. Esta celebración también se hace para el Día de Todos los Santos, el primero de noviembre.

Uno de los iniciadores de la famosa Serenata del Día de los Santos fue Don Rodrigo García Soto, quien empezó tocando la marimba con los cubiertos *(silverware)* y con pequeños palitos *(little sticks)* en las mesas y en las sillas. Don Rodrigo nació en la ciudad de Huehuetenango el 2 de junio de 1914. Llegó a ser un gran intérprete de la marimba, junto con su hermano Jorge. Don Rodrigo fue un enamorado, un apasionado de la marimba y un excelente intérprete; por que no es de extrañar que sea uno de los iniciadores de la «Serenata del Día de los Santos».

8-1 **Raíces y significado *(Roots and meaning)*** Lee el texto e identifica otra palabra que tenga la misma raíz. Adivina *(Guess)* el significado de cada palabra.

generar   *to generate*   generación   *generation*
celebrar
interpretar

8-2 **Otra vez** Lee detalladamente la lectura y contesta las siguientes preguntas

1. ¿Qué es una serenata? _____

2. ¿Cuándo se usan las serenatas? _____

3. ¿Qué instrumento autóctono se usa en Huehuetenango para acompañar las serenatas?

   _____

4. ¿Cómo aprendió Don Rodrigo a tocar la marimba? _____

5. ¿Conoces la marimba? ¿Con qué música asocias la marimba? _____

   _____

CAPÍTULO 9 De viaje por el caribe: La República Dominicana, Cuba y Puerto Rico

CRUCEROS FANTASÍA
¡Las Vacaciones Inolvidables!

Desde 120 dólares

San Juan, Cozumel, La Habana y el 4to y 5to pasajero viaja gratis.

El crucero que tú siempre soñaste realizar con tus amigos, es ahora posible gracias a Cruceros Fantasía, que te trae los mejores momentos en el Caribe con el mejor precio.

Llámanos inmediatamente para convertir tu sueño en realidad: 1 800 468 7700

Email: info@crucerosfantasia.com.int

Salidas cada viernes

Tarifa incluye: crucero, todas las comidas, espectáculos, múltiples entretenimientos (gimnasio, yacuzzi, canchas, discoteca, etc.)

CRUCEROS SOL

¡Gran especial!

Aguadilla, La Habana y Santo Domingo desde 200 dólares. Dos personas viajan por el precio de una. El crucero sale el lunes y regresa el viernes. Este ¡Gran especial! es solamente por un mes. No pierda esta oportunidad.

9-1 **Ojeada** Lee los anuncios rápidamente y completa las siguientes oraciones.

1. Los nombres de las compañías que hacen estas ofertas son _____.

2. El Crucero Fantasía viaja a _____.

3. El Crucero Sol viaja a _____.

9-2 **De nuevo** Vuelve a leer los anuncios y contesta detalladamente las siguientes preguntas.

1. ¿Cuáles son los pasajeros que no pagan en Cruceros Sol? _____

2. ¿Qué se incluye en la tarifa de Cruceros Fantasía? _____

3. ¿Cuándo salen los cruceros? _____

4. ¿Por cuántos meses es la oferta del Crucero Sol? _____

Nombre _____ Fecha _____

Matrimonio

El sábado pasado en la Iglesia de la Sagrada Familia, el padre García Tamayo bendijo la unión de la señorita Marcela Malver Guzmán, con el señor Luis Alberto Salazar Maldonado. Al terminar la ceremonia los recién casados se dirigieron al conocido Salón de Fiestas del sur de la ciudad. Allí fueron felicitados por sus invitados, y disfrutaron de un menú a base de medallones a la mostaza, crema de queso, pastel de tres leches y champaña, con la que se brindó por la felicidad de los nuevos esposos. Después de la recepción, los novios salieron de luna de miel para la hermosa ciudad de Cartagena.

Aniversario

Celebrando su aniversario de bodas se encuentran este día don Luis F. Aguirre y doña Patricia Martínez de Aguirre, por lo que serán felicitados por familiares y amigos.

Despedida de soltera

Por su próximo matrimonio, la señorita María Teresa Pérez Durán fue agasajada (honored) con un té ofrecido por su mejor amiga, Marta Lucía Torres. Al té asistieron varios familiares y amigos.

10-1 **Anuncios** Lee y subraya (underline) el título y haza (make) un círculo alrededor de las palabras o expresiones clave.

10-2 **Ojeada** Lee los anuncios con cuidado y contesta las siguientes preguntas.

1. ¿Quién fue agasajada? _____
2. ¿Quién ofreció el té? _____
3. ¿Por qué hay una celebración para los Aguirre? _____
4. ¿Quién bendijo el matrimonio? _____
5. ¿Dónde fue la recepción? _____
6. ¿Adónde van a ir de luna de miel? _____

10-3 **Otra vez** Lee los anuncios otra vez y resume la idea principal de cada anuncio.

1. Despedida de soltera _____
2. Aniversario _____
3. Matrimonio _____

CAPÍTULO 11 El mundo del trabajo: Panamá

AVISOS CLASIFICADOS

Empresa solicita vendedores.
- Tiempo completo
- Medio tiempo, de 2 a 3 tardes, sábado y domingo
- Gane de $9 a $15 por hora
- Sueldo más comisión
- No necesita experiencia
- Debe ser bilingüe (inglés y español)
- Llame al 1-800-243-3201 ext. 15 para una entrevista.

¡Atención amas de casa!
Necesito 15 amas de casa que quieran trabajar tiempo completo o parcial y ganar de $200 a $500 por semana. No se necesita experiencia previa. Llame para pedir una entrevista al (773) 341–1427. Preguntar por Gloria.

Empresa internacional les ofrece oportunidad a personas que les gusten las ventas y que tengan experiencia con computadoras. El sueldo y la comisión: no hay límite. Para mayor información, vea nuestro website http://www.interventas.com

11-1 Contexto Lee los anuncios clasificados y después usa el contexto para adivinar el significado de las siguientes palabras y frases.

1. bilingüe
2. entrevista
3. sueldo y commisión
4. oportunidad
5. tiempo completo

a. _____ full-time
b. _____ bilingual
c. _____ interview
d. _____ opportunity
e. _____ salary and commission

11-2 Responde Lee los anuncios y contesta las siguientes preguntas.

1. ¿Para cuál trabajo se necesita conocimiento de las computadoras?

_____

2. ¿Quién es Gloria?_____

3. ¿En qué trabajo debe la persona ser bilingüe? _____

4. ¿Cuánto puede ganar una ama de casa por semana? _____

11-3 Opiniones Contesta las preguntas que siguen.

1. ¿Usas los avisos clasificados para buscar trabajo? _____

2. ¿Es fácil conseguir un trabajo? _____

3. ¿Cómo consigues tus trabajos? _____

4. ¿Te gusta tu trabajo? ¿Por qué? _____

CAPÍTULO 12 El medio ambiente: Costa Rica

12-1 **Conocimiento** Antes de leer el artículo, piensa sobre lo que ya sabes de la conservación del medio ambiente.

1. ¿Crees que es importante conservar el medio ambiente? ¿Por qué? _____

2. ¿Participas en el programa de reciclaje? _____

3. ¿Qué cosas reciclas todas las semanas? _____

¡AYUDA A CONSERVAR EL MEDIO AMBIENTE!
LOS MANDAMIENTOS DE LA NATURALEZA

Recicla:
- papel, cartón *(cardboard)*, vidrio *(glass)*, plástico, revistas y periódicos.

La luz y la electricidad:
- Apaga las luces *(Turn out lights)* cuando no se necesiten.
- No prendas *(turn on)* las luces durante el día. Utiliza la luz del sol.
- Apaga todos los electrodomésticos todas las noches.
- No uses la secadora durante el verano. Seca la ropa al aire libre.

Agua:
- Lava los platos en el fregadero *(kitchen sink)* cerrado con tapón *(stopper)*.
- Cierra la ducha cuando te enjabones *(soap up)*.
- Usa un vaso cuando te enjuagues *(rinse)* la boca.
- No laves el carro todas las semanas ni riegues las plantas todos los días.
- Usa el agua de la lluvia para lavar tu coche.
- Usa el agua sucia para regar las plantas.

Transporte:
- Viaja en transporte público.
- No manejes. Usa la bicicleta, o camina.
- Viaja con un amigo o vecino.

El papel:
- No imprimas *(print)* mucho en tu computadora. Utiliza un disco para guardar información.
- Utiliza los dos lados *(sides)* del papel para imprimir.

Otros:
- Evita alimentos enlatados *(canned)*. Come alimentos frescos.
- No arrojes basura en la calle ni en los arroyos.
- No uses aerosoles.
- No uses insecticidas. Usa rejillas metálicas *(screens)* en las ventanas y las puertas para los mosquitos.

12-2 | **Preguntas** Lee el artículo con cuidado y contesta.

1. ¿Por qué no se deben usar aerosoles? _____

2. ¿Qué daño *(harm)* hacen los insecticidas? _____

3. ¿Por qué no debes prender las luces durante el día? _____

4. ¿Por qué debes cerrar la ducha cuando te enjabonas *(soap up)*? _____

12-3 | **Opinión** Ahora teniendo en cuenta el artículo, contesta las siguientes preguntas.

1. ¿Cuáles de estos mandamientos practicas?

_____

2. ¿Cuál de estos mandamiento es difícil de practicar?

_____

3. ¿Usas el carro o la bicicleta, o caminas para ir a tus clases?

_____

CAPÍTULO 13 El mundo del espectáculo: Perú y Ecuador

CINE EN TV PAGADA

Cinemax	20h45	*The Arrangement* (drama) Es la historia de un hombre solitario que se da cuenta de que *(realizes)* a pesar de *(in spite of)* tenerlo todo, se siente vacío.
Cinecanal	20h00	*El vuelo del intruso* (acción) Danny Glover, Willem Dafoe. Dos pilotos de la marina *(Navy)* traman *(plot)* una misión para bombardear y destruir Hanoi.
HBO Olé	21h30	*Tarzan and the Lost City* (aventura) Casper Van Dien. Tarzán tiene que proteger las riquezas naturales de una ciudad.
Movie City	23h00	*Loco por Mary* (comedia) Cameron Díaz, Ben Stiller. Una mujer vuelve loco a varios hombres.
Cinemateca	23h20	*Una nota de amor* (romántica) Kevin Costner, Robin Wright Penn, Paul Newman. La historia de un amor apasionado en el presente y una pasión en el pasado.

13-1   **Ordenar** Haz una lista de las películas, de acuerdo con la hora de presentación. Sigue el modelo.

MODELO: 20h00   *El vuelo del intruso*

1. _____
2. _____
3. _____
4. _____
5. _____

13-2   **Preguntas** Contesta las preguntas según la lectura.

1. ¿Qué película es romántica? _____
2. ¿Cuáles serían las películas de acción? _____
3. ¿En qué película te vas a reír? _____
4. ¿En qué película vas a llorar? _____

13-3   **Opiniones** Contesta las siguientes preguntas.

5. ¿Con qué frecuencia vas al cine? _____
6. ¿Qué película te ha gustado más? _____
7. ¿Cuál es tu actor o actriz favorito(a)? ¿Por qué? _____
8. En tu casa, ¿tienes la televisión pagada? ¿Cuánto pagas? _____

CAPÍTULO 14 La vida pública: Chile

Crimen en el Internet

LOS ÁNGELES Un joven norteamericano de dieciséis años fue arrestado y acusado de atacar y paralizar temporalmente varios de los mayores sitios en el Internet, entre ellos Yahoo!, eBay, Amazon.com e E-Trade. La policía y el FBI confiscaron su computadora personal y lo interrogaron acerca de estos ataques. Si el joven es culpable, tendrá un castigo de hasta quince años de prisión y una multa de $ 50.000 dólares.

La investigación ha sido muy lenta y podría prolongarse por varios meses. Un portavoz de la oficina de la FBI informó que días antes de que se produjeron los recientes ataques, algunas de las compañías grandes recibieron detalladas advertencias del inminente peligro. Los funcionarios de las compañías no les informaron ni al FBI ni a otras organizaciones policiales sobre estas alertas de los ataques.

14-1 **Preguntas** Contesta las preguntas según la lectura.

1. ¿Cuál fue el crimen? _____

2. ¿Quién lo hizo? _____

3. ¿Quiénes fueron las víctimas? _____

14-2 **Más preguntas** Responde a más preguntas.

1. ¿Qué le pasará al joven si es culpable?_____

2. ¿Quiénes recibieron advertencias?_____

3. ¿Por qué la policía no hizo nada antes? _____

14-3 **Opiniones** Contesta las preguntas.

1. ¿Cómo nos podemos defender de este tipo de criminal?

_____

2. ¿Has leído otros reportajes sobre este tema? ¿Dónde?

_____

3. ¿Qué piensas de este delito (crime)? ¿Debe haber leyes para proteger los sitios en el Internet?

_____

CAPÍTULO 15 Los avances tecnológicos: Uruguay

15-1 | **Antes de leer** Contesta las siguientes preguntas.

1. Lee el título y luego escribe una frase sobre que tratará la lectura.

_____

2. Lee rápido y escribe cinco palabras clave de la lectura.

_____

¿Más tiempo libre en el siglo XXI y menos actividad física?

Los médicos piensan que con todos los aparatos modernos las personas en la casa harán menos trabajo y esto generará una epidémia de obesidad en el siglo XXI. Muchas personas sueñan con el día en que las máquinas hagan todo el trabajo de la casa por ellas. Hasta hace poco parecía algo inalcanzable *(unreachable)*, pero al paso en que van los avances tecnológicos, el hombre podrá controlar su vida sin necesidad de salir de su casa.

Un ama de casa dejará de ir al supermercado pues su horno microondas lo hará por ella por Internet teniendo en cuenta lo que le falta en el refrigerador. En cada casa habrá un robot, que además de ayudar con la seguridad de la casa, hará la limpieza. También habrá una aspiradora que podrá discriminar entre la basura, la ropa y un juguete.

Los autos del futuro tendrán mapas con las rutas más rápidas para ir de un lugar a otro y además existirá un conductor automático que conducirá su auto mientras Ud. descansa o conversa por teléfono.

Las máquinas holográficas de realidad virtual reemplazarán el correo electrónico y los teléfonos celulares que le permitirán a la gente interactuar con cualquier persona dentro y fuera de la casa sin necesidad de desplazarse.

Aunque los robots y los aparatos dejarán al ama de casa con más tiempo, los médicos no creen que la persona típica vaya utilizar ese tiempo ahorrado para hacer ejercicios, caminar o correr en bicicleta. Por el contrario, es probable que invierta su tiempo en más trabajo o actividades sedentarias, como jugar en la computadora, leer, ver la televisión o dormir.

15-2 | **Ojeada** Contesta a las siguientes preguntas, según la lectura.

1. ¿Cuál será la epidemia del siglo XXI? _____

2. ¿Qué máquinas necesitará el ama de casa en el siglo XXI? _____

3. ¿Qué tendrán los autos en el futuro? _____

4. ¿Qué máquina reemplazará los teléfonos celulares y el correo electrónico? _____

_____

15-3 | **¿Cierto o falso?** Escribe F por falso y C por cierto en el espacio en blanco.

1. El hombre va a controlar su vida desde la oficina. _____

2. La aspiradora discriminará entre ropa y juguetes. _____

3. El ama de casa no tendrá tiempo libre. _____

15-4 | **Opiniones** Contesta las siguientes preguntas.

1. ¿Qué máquina te gustaría tener ahora y por qué? _____

2. Si tuvieras un robot, ¿qué lo pondrías a hacer? _____

3. ¿Estás de acuerdo con los médicos que la gente no va a utilizar el tiempo libre para hacer ejercicios? ¿Qué harías si tuvieras tiempo libre? _____

_____

Juegos

CAPÍTULO PRELIMINAR ¡Mucho gusto!

WORD SEARCH

Find the following words and phrases. They may be found vertically, horizontally, forward, backward, or diagonally in the puzzle. ¡OJO! Do not include punctuation.

adiós	chao	cinco	eres	gente	hay	también
como	de	de nada	menos	¿qué tal?	quince	trece
Dios mío	doce	encantada	señor	seis		

```
S  D  I  O  S  M  I  O  Z  K
V  E  Q  U  E  T  A  L  A  T
X  N  I  D  R  K  N  L  E  Y
T  A  C  S  E  O  A  H  C  J
A  D  I  O  S  Y  A  H  N  F
M  A  N  N  E  Y  E  I  I  G
B  X  C  E  Ñ  C  J  S  U  E
I  C  O  M  O  W  N  K  Q  N
E  K  E  D  R  E  C  E  R  T
N  A  D  A  T  N  A  C  N  E
```

CAPÍTULO 1 En una clase de español: Los Estados Unidos

PREGUNTAS Y RESPUESTAS

Find the answer that corresponds to each question. This activity can be made into a game in which half the class is assigned a question and the other half an answer. Each person must then find the other student who has the corresponding answer or question.

1. _____ ¿Qué hora es?

2. _____ ¿Cómo te llamas?

3. _____ ¿Cuánto son ocho y nueve?

4. _____ ¿Cuántos estudiantes hay en la clase?

5. _____ ¿Qué lenguas hablas?

6. _____ ¿Miras la televisión?

7. _____ ¿Te gusta tomar Coca-Cola?

8. _____ ¿Estudias en la biblioteca?

9. _____ ¿De qué color es una banana?

10. _____ ¿Qué cursos tomas?

11. _____ ¿Eres italiano(a)?

12. _____ ¿Cómo estás?

13. _____ ¿A qué hora llegas a la clase?

14. _____ ¿Tienes clase los sábados y los domingos?

a. Es amarilla.

b. Hablo inglés y español.

c. Es la una y media.

d. Muy bien, gracias.

e. No, no miro la televisión.

f. No, soy francés(esa).

g. Llego a la una.

h. No, no tengo clases los sábados o los domingos.

i. Hay veintidós estudiantes en la clase.

j. Me llamo Carlos.

k. Son diecisiete.

l. Tomo matemáticas y literatura.

m. No, estudio en mi cuarto.

n. Sí, me gusta tomar Coca-Cola.

CAPÍTULO 2 En una reunión familiar: México

ARRIESGARSE

Divide the class into three groups. Group 1 chooses a category and the number of points they wish to guess. They have one minute to give the answer. Each student in the group should take a turn. In order to earn the points, the answer must be completely correct. If the group misses the answer, Group 2 may answer or pass, then Group 3.

	Verbos	La familia	Los adjetivos opuestos	Nacionalidades
10 puntos	Yo ___ tres perros. (tener)	El hermano de mi mamá es mi ___.	rico	Ellos son de Puerto Rico. Son ____.
20 puntos	Ellos ___ en Santa Claus. (creer)	El papá de mi mamá es mi ___.	listo	Ella es de Guatemala. Es ____.
30 puntos	Nosotros ___ a la universidad. (asistir)	La hija de mi hermana es mi ___.	bonito	Yo soy de Francia. Soy ____.
40 puntos	Tú ___ español. (aprender)	El nuevo esposo de mi mamá es mi ___.	generoso	Nosotros somos de Costa Rica. Somos ____.
50 puntos	Yo ___ chino. (ser)	El hijo de mi hijo es mi ___.	soltero	Juan es de Nicaragua. Es ___.
60 puntos	Él _____ rock. (escuchar)	La madre de mi mamá____.	gordo	Tú eres de Uruguay. Eres ____.
70 puntos	Mi amiga _____ (vender) el libro.	El padre de mi esposo____.	alto	Uds. son de España. Sois ____.
80 puntos	Uds. ____(comer) mucho.	El hermano de mi esposa____.	bueno	El es de los Estados Unidos. Es ____.

CAPÍTULO 3 El tiempo libre: Colombia

LOS CHISMES *(GOSSIP)*

Using the vocabulary from this chapter, each student should write three long sentences, using the structure **ir** + **a** + **infinitivo.** Your instructor will collect all of the sentences and choose three to share with the class. The class is divided into groups of five to nine students, who should sit next to each other. The instructor will say the first sentence softly to the first student; he/she then repeats it to the next student, and so on. The other two groups pass the remaining two sentences from the first to last student as well. The last student in each group has to write on the board what he/she heard, and this sentence is compared with the original sentence given by the instructor.

CAPÍTULO 4 En la casa: España

ACORAZADO *(BATTLESHIP)*

Divide the following list of verbs into these categories, depending upon the type of stem change: **e→i, e→ie, o→ue / u→ue,** put them in the appropriate columns in the chart.

empezar   volver   cerrar   tener   almorzar   regar   entender   querer   seguir   servir
preferir   comenzar   jugar   poder   perder   pensar (en)   dormir   venir   decir   pedir

e → i	e → ie	e → ue / u→ue

Now play Battleship, using the grid below. Draw five submarines, being sure that no one sees where you draw them. Try to sink your partner's submarines by asking him/her questions using the verbs in the grid. Follow the model.

MODELO: la profesora / preferir
¿La profesora prefiere café?

If your partner has a submarine in that spot, he/she answers, **Sí, prefiere café,** and you have a hit.

If your partner does not have a submarine in that spot, he/she replies **No, no prefiere café.**

Take turns asking the questions until one of you sinks all the other's submarines.

	poder hablar francés	jugar al tenis	dormir ocho horas	preferir café
tú				
la profesora				
Rosa y Luis				
nosotros				

CAPÍTULO 5 La salud: Bolivia y Paraguay

REPASO DE TODO EL VOCABULARIO

As a class, sit in a large circle. Your instructor will say a vocabulary word that starts with any letter, for example, **dedos,** and write the word on the board. The first student must say another word that starts with the same letter (**dientes, despertarse, dormirse, ducharse, dolor,** for example) and when he/she has done so, the rest of the students continue saying words. When a student doesn't know another word, or repeats one that was already said, he/she must stand up.

To get back in the game, the student has to say a word that starts with the letter in play before the person whose turn it is. If he/she succeeds, he/she is back in the game and sits down, while the person he/she "beat" must stand up. Sometimes there will be several students standing until they can give correct words. The instructor is the referee and must be strict!

CAPÍTULO 6 ¿Quieres comer conmigo esta noche?: Venezuela

CÍRCULOS MÁGICOS

Each group of three students should have three dice. The first student throws the dice and finds the word in each circle that corresponds to the number on the die. Then the group writes a sentence, putting the verb in the preterite tense. The sentence should have a minimum of eight words—the longer, the better. Then the next player throws the dice, and so on. After 15 minutes, each group reads its sentences to the whole class. The other groups write what they hear. The longest correct sentence wins. Follow the model.

MODELO: Nosotros tuvimos que preparar un huevo duro para ella.

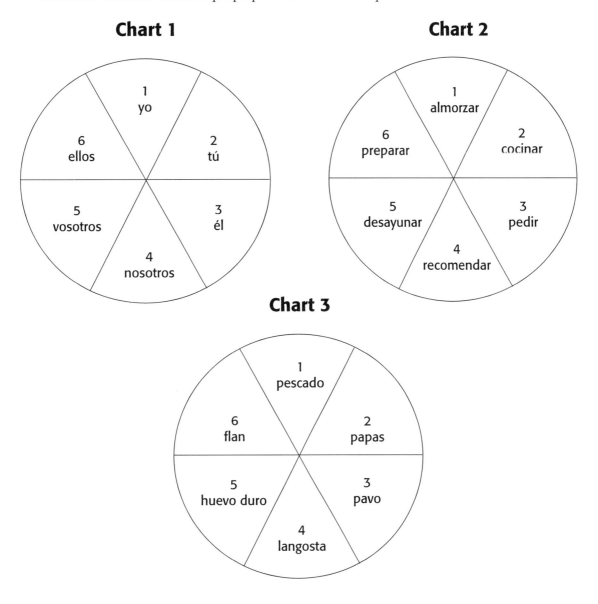

Chart 1

1 yo
2 tú
3 él
4 nosotros
5 vosotros
6 ellos

Chart 2

1 almorzar
2 cocinar
3 pedir
4 recomendar
5 desayunar
6 preparar

Chart 3

1 pescado
2 papas
3 pavo
4 langosta
5 huevo duro
6 flan

CAPÍTULO 7 De compras: Argentina

EL VIAJE DEL AÑO

In pairs, each student selects a question from the chart and answers **sí** or **no.** If the answer is affirmative, the student must sign the corresponding square. The first group that completes five signatures horizontally, vertically, or diagonally wins. They then report to the entire class. Follow the model.

MODELO: Alicia Smith fue de viaje hace un mes.

¿Fuiste de viaje hace poco?	¿Hiciste las reservaciones?	¿Les dijiste adiós a tus amigos?	¿El hotel tenía una boutique?	¿Había mucha gente en el hotel?
¿Compraste un nuevo vestido / traje?	¿Te pusiste muy elegante para viajar?	¿Viniste en taxi aquí?	¿Trajiste camisas de cuadros?	¿Llevaste muchas maletas con ropa de algodón?
¿Tuviste un cuarto grande y cómodo?	¿Supiste la dirección del hotel?	¿Quisiste llevar este traje de baño?	¿El restaurante del hotel estuvo bueno?	¿Pagaste la cuenta con una tarjeta de crédito?
¿Pudiste ir de compras?	¿Te probaste mucha ropa?	¿Te quedaron bien las sandalias?	¿Les mandaste una tarjeta postal a tus padres?	¿Le diste muchos regalos a tu familia después del viaje?
¿Trajiste mucha ropa sucia del viaje?	¿Llevaste las gafas de sol y el sombrero?	¿Fuiste a la playa muchas veces?	¿Estuviste de moda?	¿Anduviste por la ciudad con tu abrigo de cuero?

CAPÍTULO 8 Fiestas y vacaciones: Guatemala y El Salvador

BINGO

Pregúntales a tus compañeros(as) de clase para encontrar el número de personas indicado en cada categoría. Deben firmar. La primera persona que complete cuatro cuadros en forma horizontal, vertical o diagonal gana.

Encuentra a:

dos personas que cumplen años en el invierno	tres personas que fueron a la Florida para las vacaciones de primavera el año pasado	una persona a quien le gusta decorar el árbol de Navidad	una persona que escribió una carta a Santa de niño(a)
una persona que pasó la Navidad en un país extranjero	una persona que no recordó una vez el Día de los Padres o de las Madres	dos personas que piensan que un trébol (shamrock) trae buena suerte	dos personas que siempre celebran la Navidad o la Janucá (o Ramadán) en familia
una persona que recibió un regalo o flores el Día de San Valentín	una persona a quien no le gusta la Noche Vieja	una persona que celebra una fiesta religiosa	una persona que sabe qué día es el Día de la Raza
dos personas con nombres religiosos	una persona que vio una procesión	una persona que no come pavo el Día de Acción de Gracias	una persona que va a llevar un disfraz el próximo Día de las Brujas

RESPUESTAS Y PREGUNTAS

La clase se divide en grupos para el juego. Una persona lee la respuesta y los otros estudiantes deben adivinar la posible pregunta. Sigue el modelo.

MODELO: Papá Noel entrega regalos en la noche del 24 de diciembre.
¿Quién les entrega regalos a los niños?

1. Una torta con velas.

_____

2. Hay un desfile y fuegos artificiales.

_____

3. El 31 de octubre.

_____

4. La comida para el día de Acción de Gracias es pavo y papas dulces.

_____

5. Ese día (o esos siete días) recibes muchos regalos.

_____

CAPÍTULO 9 De viaje por el caribe: La República Dominicana, Cuba y Puerto Rico

CHARADAS

Each student should write a command in Spanish on a piece of paper and give it to the instructor. Then, the instructor chooses different students to act out the commands. As each student acts out the command they are given, the rest of the class writes the command that their classmate is doing.

ADIVINA LA DIRECCIÓN

El (La) profesor(a) escoge varios lugares importantes en el campus (biblioteca, librería, centro internacional, la casa del rector *(president)* y el hotel). Luego divide la clase en grupos de tres estudiantes. Escoge dos o tres lugares y los grupos deben escribir instrucciones detalladas de cómo llegar a estos lugares desde su salón de clase. El grupo que termine primero gana, pero si hay errores en las direcciones pierde y el otro grupo gana.

CAPÍTULO 10 Las relaciones sentimentales: Honduras y Nicaragua

ARRIESGARSE

Divide the class in two or three groups. Group 1 chooses a category and the number of points they wish to guess. Each student in the group should take a turn and has one minute to give the answer. In order to earn the points, the answer must be completely correct. If the group misses the answer, Group 2 may answer or pass, then Group 3.

	Verbos: El presente perfecto	Las relaciones sentimentales (traducir)	Adverbios (traducir)	La boda y la recepción
10 puntos	Yo ____ (escribir) una invitación.	a date	sometimes	¿Qué tira la novia?
20 puntos	Mi madre ____ (hacer) las reservaciones en la iglesia.	affection	only	¿Qué se hace con la champaña?
30 puntos	Un invitado ____ (morir).	bride and groom	then	¿Cómo se llama la comida elegante que se sirve?
40 puntos	Los padres ____ (ver) las fotos.	friendship	twice	¿Quiénes tocan la música?
50 puntos	Los novios ____ (volver) del viaje.	to catch	afterwards	¿Qué nombre se les da a los que se acaban de casar?
60 puntos	Tú ____ (decir) la verdad.	to go out (with)	first	¿A dónde van los novios después de la boda?
70 puntos	Mi amiga ____ (leer) el libro.	to break up (with)	almost	¿Qué es lo opuesto de casarse?
80 puntos	Uds. ____ (ir) a casa.	flower	again	¿Qué viene después del noviazgo?

CAPÍTULO 11 El mundo del trabajo: Panamá

DIBUJA Y ADIVINA

La clase se divide en dos grupos. De cada grupo debe salir una persona cada vez para representar al grupo. El (La) profesor(a) les dará una palabra y el (la) estudiante debe dibujar algo que represente la palabra. Se les da 30 segundos para dibujar. No se pueden escribir ni letras ni palabras. El grupo del estudiante que dibuja trata de adivinar la profesión, las cosas o los verbos que se relacionan con la palabra. El grupo tiene 30 segundos para dar la respuesta; si no, le toca al otro grupo adivinar la palabra.

Profesiones: carpintero(a), plomero(a), contador(a), fotógrafo(a), banquero(a), abogado(a), peluquero(a), veterinario(a), programador(a)

En la oficina: el correo electrónico, la fotocopiadora, el currículum, el salario

Verbos relacionados con el trabajo: emplear *(hire)*, despedir, jubilarse, solicitar un puesto, pedir un aumento, reunirse, llamar por teléfono, imprimir

POR VERSUS PARA

Se divide la clase en 2 grupos, un estudiante de cada grupo debe emparejar la regla del uso de **por** o **para** con la frase correcta. Si no empareja, le toca al otro estudiante del otro grupo. Gana el grupo que haga más parejas. Sigue el modelo.

MODELO: 1. desto   *a. Salgo para Indianápolis.*

1. desto	2. lugar no preciso o intermedio *(general area)*	3. el propósito	4. tiempo específico o fecha límite	5. miembro de un grupo
6. razón	7. la tarifa *(rate)*	8. intercambios o cambios	9. duración	10. expresiones idiomáticas
11. gratitud	12. Trabajo donde recibe dinero.	13. falsa identidad	14. desto *(recipient)*	15. costo o precio
a. Salgo para Indianápolis.	b. Estos papeles son para el jefe.	c. En los EE.UU. los técnicos reciben más de $50,00 por hora.	d. Pagó $2,00 por el cuaderno.	e. ¡Por Dios!
f. Desea cambiar este carro rojo por éste negro.	g. Para ser americano, habla muy bien el español.	h. Él trabaja para la universidad.	i. Gracias por ayudarme.	j. Anduvimos por las calles.
k. Para mañana es la tarea.	l. En Canadá me tomaron por canadiense.	m. Estudia para ser doctor.	n. Vivió en México por dos años.	o. Trabajo por Juan porque está enfermo.

CAPÍTULO 12 El medio ambiente: Costa Rica

ARRIESGARSE

Divide the class in two or three groups. Group 1 chooses a category and the number of points they wish to guess. Each student in the group should take a turn and has one minute to give the answer. In order to earn the points, the answer must be completely correct. If the group misses the answer, Group 2 may answer or pass, then Group 3.

	El reino animal	La conservación y la explotación	Geografía rural y urbana	Subjuntivo/ Indicativo
10	el rey de la selva	Se usa para hacer gasolina.	una persona que trabaja en el campo	Creo que el mono _____ (ser) inteligente.
20	Babar	lo opuesto de conservar	El agua salada está en _____.	Dudo que _____ (hacer) buen tiempo mañana.
30	Smokey	¿Cómo se dice *waste*?	Si no llueve, tenemos que _____ los cultivos.	Es una lástima que él no _____ (venir).
40	Peter y el _____	la ciencia que estudia el medio ambiente	Los carros van por _____.	Ojalá que ellos _____ (ir) a la catarata.
50	un animal que no tiene pies	una forma de ahorrar electricidad es usar _____	donde viven los gorilas y los tigres	Busco una finca que _____ (tener) un arroyo.

ADIVINANZAS

Los estudiantes deben trabajar en parejas para identificar el animal, el lugar o el vegetal «escondido». Pueden usar el diccionario.

1. Corro y corro sin salir de mi lecho *(bed)*.

2. En el aire yo me muero en el agua vivo bien si yo pico el anzuelo *(bait)* voy a dar en una sartén *(frying pan)*.

3. Pasea de noche duerme de día le gustan la leche y la carne fría.

4. Tengo hojitas blancas gruesa cabellera *(thick hair)* y conmigo llora toda cocinera.

CAPÍTULO 13 El mundo del espectáculo: Perú y Ecuador

CRUCIGRAMA

Horizontal

2. so that

4. as soon as

5. in case

6. after

8. without

11. although

12. Ansel Adams

13. Salvador Dalí

14. CBS News

Vertical

1. provided that

3. unless

4. «General Hospital»

7. Federico García Lorca

9. HBO

10. «La vida loca»

CAPÍTULO 14 La vida pública: Chile

ARREBATO VERBAL

This game is played like "Family Feud". For competition, the class can be divided into two or three teams. Once the order of play is established, the instructor selects a category from the cards below and reads the category aloud. The answering team has one minute in which to shout the answers they think most people would give in that category (from chapter vocabulary).

The instructor keeps track of the answers, which are among the target answers designated, awarding 1 point for each. Should a team get all 10 target answers, a bonus of 5 points is awarded.

Medios de comunicacíon

una película de ciencia ficción	una telenovela
un programa de concursos	un anuncio
un programa de entrevistas	un canal
un programa deportivo	noticias
pronóstico del tiempo	periódicos

El gobierno

un candidato	un discurso
un dictador	un conservador
un debate	un partido político
el presidente	una ley
una campaña	un político

Los padres quieren que sus hijos...

limpien sus cuartos.	cierren la boca cuando comen.
coman verduras.	tengan cuidado.
hagan su tarea.	digan gracias.
bajen el volumen.	se acuesten.
se cepillen los dientes.	estudien.

CAPÍTULO 15 Los avances tecnológicos: Uruguay

GUERRA DE FAMILIAS

Divide the class into two "families" that will compete against each other in an adaptation of the television show "Family Feud". The basic format of the game is that families must guess the most popular responses in given categories. In accordance with their popularity, these responses have different point values, which are awarded to families for correctly guessing them without striking out. If a family strikes out (three misses on guesses of responses within a category), the opposing family has an opportunity to make a correct guess and receive the accumulated point total.

   The instructor will need to prepare categories, responses (normally only three or four per category), and point values prior to playing the game in class. During in-class play the instructor acts as master/mistress of ceremonies, conducting the competition in Spanish, and attributing predetermined responses and point values, i.e., **Hicimos una encuesta de 1.00 (cien) estudiantes de esta universidad y tenemos sus respuestas más frecuentes en la categoría de...** Once categories are identified, family members will normally brainstorm possible responses, and the family spokesperson will report the agreed-upon answers.

Términos asociados con una computadora

1. teclado 37

2. pantalla 21

3. ratón 18

4. archivo 9

Yo: Formas irregulares del pasado del subjuntivo

1. tuviera 31

2. hiciera 19

3. pusiera 15

4. fuera 9

Verbos asociados con una computadora

1. prender 55

2. apagar 30

3. grabar 12

4. enchufar 8

Nosotros: Imperfecto del subjuntivo

1. dijéramos 27

2. viniéramos 11

3. hubiéramos 6

4. fuéramos 5

Aparatos electrónicos

1. teléfono portátil 37

2. computadora 25

3. contestador automático 11

4. videocasetera 9

Information Gap Activities

CAPÍTULO 1 En una clase de español: Los Estados Unidos

TERTULIA

Imagine that you and a friend are talking one day, and you decide you would like to organize a tertulia *(social gathering to talk and get to know each other)* for Spanish students. Share your own schedule and the information you have about two other possible participants so that you can find a good time to meet each week. Fill in the schedule as you listen to your partner. All 9 o'clock classes meet on the same days, as do ten o'clock, etc.

	lunes	martes	miércoles	jueves	viernes
9:00					
10:00					
11:00					
12:00					
1:00					
2:00					
3:00					
4:00					

Estudiante A = Javier
Tengo una clase de historia a las nueve el lunes, martes, miércoles y viernes inglés a las diez, y química a las once. El laboratorio de química es de tres a cinco el jueves. Mi clase de matemáticas es a la una, y trabajo en la biblioteca de dos a cuatro los lunes y miércoles.

Estudiante A:
Mi amigo Carlos tiene clase a las nueve y a las once. Trabaja en la biblioteca de dos a cuatro los lunes y los miércoles, y de tres a cinco los jueves y los viernes.

Estudiante B = Elena
• Tengo clase de matemáticas a las diez el martes, miércoles, jueves y viernes.

• Mi clase de francés es a las once el lunes, martes, miércoles y viernes.

• Por la tarde, tengo informática a la una el lunes, martes, miércoles y jueves; sociología el lunes y miércoles a las dos, y un laboratorio de francés de tres a cuatro los lunes y los miércoles.

Estudiante B:
Maricarmen tiene clase a las nueve y diez de la mañana y a la una y dos de la tarde.

CAPÍTULO 2 En una reunión familiar: México

UN PROBLEMA DE IDENTIDAD

Javier, Eduardo and Oswaldo are from different countries, but now live in the United States. Listen to your partner's information, and then share yours. As you discover that one is not Mexican, for example, cross out that possibility in your chart until you have untangled their nationalities and professions.

Javier	Eduardo	Oswaldo
mexicano	mexicano	mexicano
uruguayo	uruguayo	uruguayo
chileno	chileno	chileno
estudiante	estudiante	estudiante
médico	médico	médico
profesor	profesor	profesor

Estudiante A:

1. El uruguayo bebe mate, pero el profesor no.

2. El mexicano y el estudiante tienen perros.

3. El profesor es menos rico que el uruguayo.

Estudiante B:

1. El estudiante está casado con la hija de Eduardo.

2. Eduardo es mayor que el chileno.

3. Oswaldo es más alto que Eduardo y el médico.

CAPÍTULO 3 El tiempo libre: Colombia

¿DÓNDE PUEDO... ?

Estudiante A:

Vas a mudarte a una nueva ciudad en un mes. Eres una persona muy activa y te gusta practicar muchos deportes. También te gusta leer, ir al cine, al teatro y a conciertos. Un día conoces a un(a) joven que es de la ciudad donde vas a vivir. Dile que te gusta todo deporte y toda actividad. Pregúntale si es posible hacer estas cosas en la ciudad.

MODELO: Me gusta *el tenis.*   ¿Dónde puedo jugar?

Deportes	**Otras actividades**
el ciclismo	literatura: leer novelas
la natación	pintura moderna: ver ejemplos de
el tenis	música clásica: escuchar
la equitación	estudiar idiomas
el esquí [esquiar]	comer platos de muchos países
	ver obras dramáticas
	ir al cine

Estudiante B:

Vives en la ciudad donde tu pareja *(partner)* va a vivir. Para cada actividad que menciona, dile *(tell him/her)* adónde puede ir. Al final, puedes invitar a tu nuevo(a) amigo(a) a ir a un club contigo.

MODELO: Me gusta el tenis. ¿Dónde puedo jugar?
         En el Club Deportivo Muñoz.

Cine Mimosa	Escuela de Idiomas Sánchez Ríos
Teatro Luxor	Librería Cervantes
Club Deportivo Muñoz	Bar Oso Negro
Parque Municipal UNAS	Sala de Música Escobar
Museo de las Torres	Club Marítimo Moncloa
Restaurante Bosque Negro	Club de los Mariachis
Restaurante El Taíno	

CAPÍTULO 4 En la casa: España

SE ALQUILA APARTAMENTO

Tú y un(a) amigo(a) van a pasar dos semanas de vacaciones en España. En vez de alojarse en un hotel, prefieren alquilar un apartamento o una casa pequeña. Compran un periódico y miran los anuncios clasificados. Después de hablar de los clasificados que han encontrado, deciden qué alojamiento quieren alquilar y por qué.

Estudiante A:

Encuentras un anuncio para un apartamento en Granada.

- 1 dormitorio con una cama de matrimonio y armario
- salón con sofá cama, mesa, butacas y una television
- cocina con horno, fregadero, mesa de comedor, vajilla, cubiertos, utensilios y artículos de limpieza
- baño moderno con ducha, lavamanos e inodoro y paredes azulejadas (tiled)
- todas las habitaciones tienen calefactores eléctricos. La electricidad está incluída en el precio.
- cinco minutos a pie del centro de la ciudad. Hay muchos bares de tapas, tiendas, iglesias, plazas y fuentes cerca. Está en una zona muy segura.
- Precio: 80 euros/noche (mínimo 3 noches); 500 euros/semana; 1900/mes

Estudiante B:

Encuentras un anuncio para una casa pequeña.

- 1 dormitorio: 1 cama de matrimonio, un tocador, un armario
- cocina: frigorífico, microondas, hornillas eléctricas, hervidor eléctrico de agua, utensilios de cocina, cubiertos, plancha y tabla de plancha. Hay comestibles básicos (aceite, vinagre, sal, azúcar, café, té).
- salón comedor; sofá cama (para 2 personas), mesa de centro, mesa de comedor extensible con 4 sillas, TV de color de cable (52 cadenas), ordenador con conexión permanente de Internet
- baño: lavabo, WC, ducha, lavadora, espejo
- Hay una terraza fuera de la casa donde se puede sentar, comer, tener barbacoas, etc.
- situación: está a sólo 1 minuto de la parada de autobuses más cercana y a 15 minutos a pie del centro de la ciudad
- cerca: tiendas, bares, restaurantes, bancos, farmacias y supermercado
- Precio: 65 euros/día; 400 euros/semana; 1500/mes

CAPÍTULO 5 La salud: Bolivia y Paraguay

SE BUSCA COMPAÑERO(A) DE CASA

Uds. viven en un apartamento pequeño. Su contrato de arrendamiento va a terminar y tienen la oportunidad de alquilar un apartamento mucho más grande, con tres cuartos, situado en un barrio ideal. Sin embargo, para poder pagar el alquiler, necesitan encontrar otro(a) compañero(a), alguien que sea compatible y que tenga un horario y estilo de vida similares a los suyos. Cada uno(a) ha recibido una llamada de una persona que está interesada. Deben compartir la información y decidir cuál sería mejor para una entrevista.

Estudiante A:

Acaba de recibir una llamada de un joven. Dice que tiene veintiocho años y trabaja para una compañía de seguros en Barrio Lindo. Dice que es muy honesto y responsable. También dice que no tiene coche y tiene que tomar el autobús para ir a su trabajo. Durante la semana, se levanta a las seis y media, se ducha, se afeita y se viste rápidamente. Le gusta prepararse un cafecito antes de salir. No hace ruido. Por la noche le gusta mirar la televisión o leer en su cuarto. Dice que sabe hacer algunos quehaceres domésticos, como lavar platos, pasar la aspiradora, planchar y cocinar.

Estudiante B:

Acaba de hablar con un joven también. Dice que es músico y toca la guitarra en un conjunto musical rock. Está divorciado y tiene un perro. Dice que se levanta al mediodía porque trabaja hasta la una de la mañana. No sabe cocinar y generalmente come algo en un restaurante o su novia trae algo para los dos. Ella es cantante y siempre pasa la tarde con él porque tienen que ensayar (*rehearse*) las piezas musicales. Está seguro de que su novia puede ayudar con los quehaceres domésticos. Dice que él fuma pero no usa drogas.

CAPÍTULO 6 ¿Quieres comer conmigo esta noche?: Venezuela

LA FIESTA HISPANA

Como parte de las celebraciones étnicas que tienen lugar *(take place)* anualmente en tu comunidad, tú y unos amigos están organizando una fiesta hispana. Además de música, bailes, un elemento esencial de la fiesta es la comida. Cada año hay platos típicos de México, Cuba y Puerto Rico más algunos platos de por lo menos dos otros países hispanos. Este año Uds. han escogido Venezuela y España como los otros países, y tú y un(a) amigo(a) acuerdan preparar platos de estos dos países.

Estudiante A:

Vas a preparar un plato típico venezolano. Busca información en el Internet, o usa la receta para carne mechada (ver página 162). Entonces, dile al otro estudiante qué plato vas a preparar y los ingredientes principales. Luego, pregúntale a tu amigo(a) qué plato de España va a preparar.

Estudiante B:

Vas a preparar un plato típico de España. Decides hacer una tortilla española. Busca una receta en el Internet, y dile al otro estudiante qué vas a preparar y los ingredientes principales.

CAPÍTULO 7 De compras: Argentina

¡AYUDA A LA POLICÍA!

La policía recibe una llamada del dueño de la tienda de ropa *El sastre*; ha habido un robo. Ellos empiezan la investigación, entrevistando al dueño y también a otra persona que vio el robo. Un estudiante va a hacer el papel del dueño y el otro el del testigo. Recuerden que el dueño y el testigo ya han hablado de lo que vieron, así que el uno puede ayudar al otro si se le ovide algún detalle.

Asegúrense de que han contestado las preguntas: ¿Qué? ¿Dónde? ¿Cuándo? ¿Quién? ¿Cómo?

Estudiante A:
El dueño
Diles...

• a qué hora llegaste a la tienda.

• qué viste al entrar en la tienda.

• cuánto le faltó a la caja registradora y/o a la caja fuerte.

• qué falta en cuanto a la ropa.

Estudiante B:
El testimonio del dueño
Llegó a la tienda un poco antes de las nueve.

• Aparcó su coche en un espacio detrás de la tienda.

• Entró por la puerta de atrás como de costumbre, pero no notó nada fuera de lo normal.

• Cuando entró inmediatamente vio unas camisetas en el suelo y también un par de pantalones.

• Eso le pareció extraño porque la noche anterior cuando salió no había ningún artículo de ropa en el suelo.

• Fue inmediatamente a la caja registradora y vio que estaba abierta.

• También estaba abierta la caja fuerte *(safe)*, donde puso todo el dinero del día anterior.

• En ese momento llamó a la policía.

• Luego paseó rápidamente por la tienda para ver qué más faltaba.

• Todavía no ha tenido tiempo para hacer un inventario completo pero ha visto que faltan muchos trajes de lana y abrigos de cuero que acababa de recibir para la nueva temporada *(season)* de invierno.

Estudiante A:
El testimontio del testigo

- A las siete de la mañana, estaba sentado(a) en el café de enfrente. Tomaba un café y leía el periódico.

- Vio acercarse una camioneta que se aparcó en a calle cerca de la tienda.

- Vio a dos hombres y una mujer que bajaron de la camioneta y fueron a la tienda. Abrieron la puerta con llave y entraron.

- No sospechaba nada porque le parecía que eran empleados que llegaban a su trabajo.

- Seguía leyendo el periódico por unos momentos y luego se levantó para marcharse.

- Fue en ese momento cuando vio salir a las tres personas.

- Tenían montones de ropa en los brazos. Parecía que llevaban abrigos, trajes o chaquetas.

- Pusieron la ropa en la camioneta, subieron y salieron rápidamente.

- De repente pensó que había visto un robo sin darse cuenta de lo que pasaba.

- No se fijó bien en las personas, pero le pareció que uno de los hombres era mucho más alto que el otro y que los dos llevaban chaquetas de cuero, posiblemente, marrón oscuro. La mujer era un poco gorda y llevaba un impermeable y un pañuelo rojo y anaranjado en el cuello.

- La camioneta era azul oscuro o negro.

Estudiante B:
El testigo
Diles...

- que viste a tres personas que llegaron en coche a la tienda y entraron por la puerta principal (tenían llave).

- cómo eran las tres personas.

- cómo se vestían.

- qué cargaban *(carried)*.

- qué hicieron al salir de la tienda.

CAPÍTULO 8 Fiestas y vacaciones: Guatemala y El Salvador

UN VIAJE A GUATEMALA

Por fin han llegado las vacaciones de primavera, y tú y un(a) amigo(a) quieren ir a Guatemala. Puesto que es la primera vez que Uds. han ido, necesitan conseguir mucha información sobre el viaje. Han hecho una lista de las preguntas que tienen y la han dividido en dos para poder conseguir la información lo más rápido posible. Cada persona debe compartir la información que ha conseguido y dar una recomendación. Sigue el modelo.

MODELO: **A:** *Para entrar a Guatemala, se necesita una visa o una tarjeta de turismo. Creo que nosotros sólo necesitamos la tarjeta porque vamos a estar allí una semana.*

B: *La temperatura es algo variada, pero ya que nosotros vamos a la costa tenemos que llevar ropa ligera.*

Estudiante A:

Tú consigues la siguiente información:

1. Documentos: Antes de su llegada a Guatemala, cada pasajero debe verificar que sus documentos estén en orden, y que ha obtenido una visa o tarjeta de turismo si se necesitan. Las visas se obtienen únicamente en Consulados Guatemaltecos fuera del país. Las tarjetas de turismo están disponibles para ciudadanos de algunos países en los mostradores de líneas aéreas en los aeropuertos antes de embarcar hacia Guatemala.
    http://www.caravantours.com/guatemala-tour.html

2. Vuelos: Hay vuelos directos a la Ciudad de Guatemala (aeropuerto La Aurora)

3. Taxis: Una vez allí, Uds. pueden tomar un taxi desde el aeropuerto hasta la ciudad (15 minutos). El servicio de taxi es caro en Guatemala. Los taxis no disponen de taxímetro, así que es aconsejable pactar el precio con el taxista antes de subir al taxi.

4. Autobuses: Hay un sistema de autobuses dentro de la ciudad, pero es mejor usar los minibuses turistícos que cubren las rutas principales para viajar de una ciudad a otra. También es aconsejable hacer una reservación con anticipación.

5. Dinero: La moneda nacional en Guatemala es el quetzal. Trece quetzales valen aproximadamente un dólar. Los cheques de viajero ru son difíciles de cambiar y requieren mucho tiempo. Es mejor llevar dólares que se aceptan en todo el país. También las tarjetas de crédito (especialmente Visa y Mastercard) se aceptan fácilmente en todas las grandes ciudades.

6. Teléfono: Para hacer llamadas de larga distancia, es mejor hacerlas del hotel (a cobro revertido) o de una oficina de la compañía telefónica (Guatel).

7. Servicio y propinas: En los hoteles el servicio no está incluído. Se recomienda dejar una propina del 10% a 15% sobre el total de la factura.

8. Electricidad: El voltaje en el país es de 110, y los enchufes son de tipo americano.

Estudiante B:

Tú consigues la siguiente información:

1. Clima: La temperatura promedio es de 20 grados centígrados (68 grados F), pero en las zonas de la costa es de 35 grados (85 grados F). En los altos guatemaltecos (*highlands*) las noches son frescas durante todo el año.

2. Ropa: Se recomienda llevar ropa ligera de algodón y zapatos cómodos. No sería mal tener gafas de sol y un repelente contra mosquitos. También es buena idea tener una chaqueta o un suéter para las noches frescas en los altos.

3. Comida: La comida es muy semejante a la comida mexicana: arroz, frijoles, queso, tortillas de maíz, carne de res, chuletas de puerco, pescado y mariscos. Hay una gran variedad de frutas también. Es aconsejable no comer la comida en los puestos callejeros ni beber el agua del grifo. Es mejor comer siempre en los restaurantes y beber agua mineral embotellada para no correr el riesgo de enfermarse.

4. Turismo: Si es posible, una visita al país debe incluir:

   a. La Ciudad de Guatemala: para ver la Catedral, el Palacio Nacional, uno de los museos (por ejemplo, el Museo Popol Vuh) y el Mercado Central que tiene puestos de artesanía de todas las regiones del país.

   b. Antigua: Está a 40 kms. de la Ciudad de Guatemala. Es una ciudad colonial fundada por los conquistadores españoles a mediados del siglo XVI. La ciudad está en un valle dominado por tres volcanes de unos 4.000 metros de altura. Hay que dejar tiempo para pasear por las calles empedradas, ver las fuentes y patios con flores. Hay tiendas donde se venden productos locales. Son de interés especial los tejidos, especialmente los huipiles que llevan las mujeres.

   c. Panajachel y Lago Atitlán: Es un buen lugar para descansar, tomar el sol y disfrutar de la pesca y los deportes acuáticos. También se puede hacer excursiones en lanchas a varios pueblos indígenas en las orillas del lago.

   d. Chichicastenango: También vale la pena visitar esta ciudad que está a 3 o 4 horas al noroeste de la capital. «Chichi» es famoso por su mercado de artesanía (los jueves y domingos). Hay que visitar la Iglesia Santo Tomás en frente del mercado. Todavía los indios quichés observan prácticas religiosas que son mezclas de ritos paganos y católicos. Hay varios sitios cercanos donde se observan estas prácticas también.

   e. Tikal: Es una ciudad espléndida y es la obra maestra por excelencia de la civilización maya. La ciudad se encuentra en una selva tropical y hay miles de estructuras en el Parque Tikal. El templo de la Serpiente de dos Cabezas es muy conocido. Mide unos 50 metros de altura. Hay que pasear por los senderos para ver la flora y la fauna. De interés son los árboles —sobre todo la «ceiba»— que es el árbol sagrado de los maya.

CAPÍTULO 9 De viaje por el Caribe: La República Dominicana, Cuba y Puerto Rico

UNA VISITA A LA HABANA

Tú y un(a) colega son profesores de historia en Venezuela. Han sido invitados a Cuba para dar conferencias en la Universidad de La Habana el 9 de abril. Uds. llegan a La Habana el día 8 por la tarde y van directamente al Hotel Caribe. Uds. tienen que regresar a Venezuela el día 10, así que sólo tienen un día completo para dar las conferencias y hacer un poco de turismo. Un amigo cubano les ha recomendado algunos sitios para visitar en la ciudad. También ha sugerido unos restaurantes muy buenos en La Habana Vieja. Tú y tu colega han planeado lo que quieren hacer durante su tiempo libre. ¿Tienen un horario compatible? ¿Coinciden en algunos de sus planes? ¿Qué podrán hacer juntos? Miren el mapa para localizar *(locate)* los sitios que quieren visitar.

Estudiante A:

• Tienes que dar tu conferencia en la Universidad a las nueve. Terminas a las once.

• Quieres ir a Vedado para visitar la Casa de las Américas y almorzar en Paladar la Fontana.

• Por la tarde quieres ir al Museo de Arte. De allí vas al Centro para pasear y comprar unos re-cuerdos.

• Luego piensas ir a ver el Castillo de la Fuerza cerca de la Plaza de las Armas.

• Finalmente vas a reunirte con tu colega para comer en el restaurante El Floridita que está en Calle Obispo, esquina Monserrate.

Estudiante B:

• Tienes la mañana libre. Quieres ver la Catedral de San Cristóbal y el Castillo de la Fuerza.

• Después piensas ir al centro para hacer unas compras y almorzar.

• Después del almuerzo quieres ir a El Príncipe y luego a la universidad para dar tu conferencia a las cinco.

• De la universidad vuelves a La Habana Vieja para cenar con tu colega en el restaurante El Floridita en la Calle Obispo, esquina Monserrate.

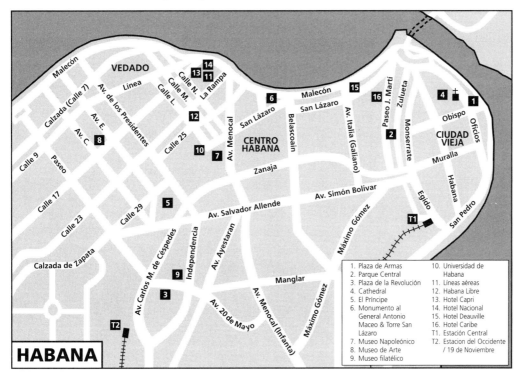

Nombre _____ Fecha _____

CAPÍTULO 10 Las relaciones sentimentales: Honduras y Nicaragua

Hay un refrán que dice: «El melón y la mujer son difíciles de conocer». Puede que sí, pero, al entrar en una relación con otra persona, es importante no sólo tratar de conocer bien a esa persona, sino también tratar de conocerse a si mismo(a). Estudiante A desea conocer a su pareja ideal y le pide ayuda a Estudiante B. Entre los dos van a crear el perfil del hombre o de la mujer ideal para Estudiante A. ¿Qué tipo de relación quiere Estudiante A? ¿Qué características valora en su pareja? ¿Qué tipo de persona es Estudiante A? ¿Coinciden los deseos de Estudiante A en cuanto a la personalidad de su pareja ideal y su propia personalidad?

Estudiante A:
Imagínate que un día estás con tu mejor amigo(a). Le confiesas algunas de tus preocupaciones:
• que te sientes triste y desilusionado(a) porque no tienes novio(a).
• que tienes citas de vez en cuando pero no han sido muy productivas. No llevan a ninguna parte.
• Dile por qué crees que no te gustan estas personas con quienes has salido.
• que quieres amar a otra persona y casarte un día y tener hijos.

Estudiante B:
Tu mejor amigo(a) acaba de confesarte sus preocupaciones sobre su vida amorosa.
Le das las gracias por confiar en ti y le dices que no eres experto(a) en asuntos del corazón, pero quieres ayudarlo(a) y puedes hacer algunas sugerencias.
• Como punto de partida, es importante conocerse. Aunque es difícil mirarse objetivamente, es necesario hacer un autoanálisis y una evaluación introspectiva.
• Necesitas hacerte preguntas como, ¿qué tipo de personalidad tengo? ¿Cuáles son las características de ese tipo? Por ejemplo, ¿soy introvertido o extrovertido? ¿Tipo alfa o beta? ¿Realista o idealista?
• ¿Cómo te comportas en las relaciones con otra persona? ¿Eres dominante o sumiso(a)?
• ¿Criticas a la otra persona?

CAPÍTULO 11 El mundo del trabajo: Panamá

Al no ganarnos la lotería o heredar grandes cantidades de dinero, tenemos que enfrentarnos con ese aspecto tan vital para la subsistencia: el trabajo.

Imagínate que estás en tu último año de estudios universitarios. Recientemente has empezado a pensar seriamente en conseguir trabajo para cuando te gradúes. Pronto vendrán a la universidad representantes de varias compañías para entrevistar a candidatos interesados en futuro empleo en sus empresas.

Estudiante A:

Estás escribiendo un currículum vitae en anticipación de las entrevistas. Sabes que el currículum es un tipo de resumen autobiográfico, pero necesitas ayuda para escribirlo correctamente. Gracias a Dios, puedes consultar con un amigo que tiene experiencia en la contratación de personal. Le dices que ya tienes la siguiente información en tu currículum:

- una sección de datos personales con tu nombre y apellido, el lugar y fecha de tu nacimiento, tu direccion, número de teléfono y dirección de correo electrónico
- una sección sobre tu formación académica, empezando con los estudios realizados más recientemente una sección sobre tu experiencia en el campo laboral

Haces las siguientes preguntas:
- Debo incluir las fechas de mis estudios?
- Debo poner toda esta información en una sola hoja?

Estudiante B:

Un amigo te pide ayuda con su currículum vitae. Contesta sus preguntas y dile que:
- debe ponerle el título CURRÍCULUM VITAE al documento
- debe incluir las fechas y el tipo de trabajo que desempeñó
- es buena idea incluir una sección sobre sus conocimientos informáticos
- si tiene conocimiento de otros idiomas, es bueno incluir los idiomas y el nivel de sus estudios
- por último, puede poner la palabra REFERENCIAS al final para indicar que las tiene, si el entrevistador las desea.

CAPÍTULO 12 El medio ambiente: Costa Rica

Tú y un(a) amigo(a) acaban de comprar unos 80 acres de tierra que quieren usar como parque y campamento natural. La mayoría es bosque, pero hay un lago pequeño. Están de acuerdo en cómo van a usar la tierra:

• un área para tiendas de acampar y vehículos

• un edificio donde se ubican la oficina y una pequeña tienda de comestibles

• otro edificio para servicios, duchas y máquinas para lavar ropa

• una playa y, al lado, un área donde se puede alquilar barcos

• sendas para caminatas y ciclismo

Sin embargo, Estudiante B se preocupa en cuanto a la sanidad, la seguridad y el medio ambiente. Entonces, sugiere que los dos escriban un folleto que describa el parque y que dicte las reglas y códigos de conducta. Estudiante A se encarga de describir el área para hacer camping y escribir sus reglas de uso. Estudiante B se encarga de la parte de alrededor del lago y de las sendas. Después de escribir las descripciones y las reglas, hablen de lo que han escrito, lleguen a un acuerdo y hagan el folleto.

Estudiante A:

	área para hacer camping	alrededor del lago	en las sendas
Descripción			
Reglas de uso			

Estudiante B:

	área para hacer camping	alrededor del lago	en las sendas
Descripción			
Reglas de uso			

CAPÍTULO 13 El mundo del espectáculo: Perú y Ecuador

EL NUEVO CANAL

Es indiscutible la importancia que tiene la televisión en la vida de millones de personas hoy en día. El número de televidentes y la cantidad y variedad de programas han aumentado hasta tal punto de que es posible que la gente mire la televisión 24 horas al día.

Estudiante A:

Imagínate que hay un nuevo canal de televisión en tu ciudad. Tienes experiencia en la programación y, los dueños del nuevo canal te emplean para ayudar con la selección de programas a presentar. Escoge 15 programas de los distintos tipos para presentar. Toma en cuenta los intereses de los niños, jóvenes y adultos. Luego consulta con tu colega sobre el mejor horario de los programas.

Informativo	Didáctico	De entretenimiento	Político	Deportivo	Otro
noticias locales	ejercicio	programas infantiles	prensa	fútbol	ciencia
noticias nacionales e internacionales	cocina	telenovelas	políticos destacados	tenis	historia
pronóstico del tiempo	idiomas	películas	asuntos urgentes: guerra, terrorismo	baloncesto	naturaleza
	matemáticas	videos musicales	gobierno/ economía	béisbol	religión
		juegos	entrevistas	golf	

Estudiante B:

Tienes experiencia en el horario y la programación porque has hecho encuestas sobre los televidentes y sus preferencias. Tienes una buena idea de quiénes miran la televisión y a qué horas la miran.

• Los niños: 7:30–10:00 y 15:00–19:00

• Los jóvenes: 17:00–2:00

• Los adultos: 6:00–8:00 y 16:00–2:00

Ayuda a tu colega con los programas que él/ella ha selecionado e indica si el canal debe poner los programas por la mañana (6:00–12:00), por la tarde (12–20:00), por la noche (20:00–2:00) (cierre de transmisión). Si es posible, trata de precisar la hora exacta de la presentación de cada programa. Explícale a tu colega por qué.

CAPÍTULO 14 La vida pública: Chile

EL TERRORISMO

Aunque el gobierno ha tomado muchas medidas para proteger al público, cada uno de nosotros debe saber protegerse contra un ataque biológico o químico. Un día tú y un vecino hablan de lo que deben hacer en caso de una emergencia. Los dos ya han hecho investigaciones acerca de las recomendaciones del gobierno pero han encontrado información diferente. Hablen de lo que han aprendido y decidan cuáles recomendaciones quieren seguir: puede que algunas de la sugerencias les parezcan algo exagerradas (*excessive*). Cuando estén de acuerdo, escriban su propio plan.

Estudiante A:
Tú has hecho investigaciones sobre los otros artículos recomendados en caso de un ataque o una emergencia:

- alimentos enlatados y un abrelatas manual
- platos y utensilios
- agua emboteallada, por lo menos un galón por persona.
- linterna con pilas adicionales
- radio con pilas adicionales
- cinta adhesiva
- tijeras
- sábanas de plástico
- toallas
- teléfono celular
- ropa extra

Estudiante B:
Has consultado un folleto publicado por la agencia de Seguridad de la Patria.

- Entrar en tu casa o apartamento lo más rápido posible en caso de una emergencia.
- Asegurarse de que todas las ventanas y puertas que dan al exterior estén bien cerradas.
- Apagar el sistema de calefacción o aire acondicionado.
- Apagar ventiladores.
- Si hay una chimenea, debe cerrar la rejilla.
- Entrar al refugio y cerrar la puerta.
- Poner la cinta adhesiva alrededor de las ventanas y puertas.
- Poner la cinta adhesiva sobre los enchufes eléctricos y cualquier rendija o abertura en su casa.
- Escuchar la radio para anuncios de los coordinadores de emergencia que indiquen que es seguro salir del refugio.

CAPÍTULO 15 Los avances tecnológicos: Uruguay

UN NUEVO NEGOCIO

En el mundo de las telecomunicaciones, los avances tecnológicos se han hecho muy evidentes en las pequeñas empresas de hoy.

Imagínate que tú y un(a) amigo(a) quieren poner un pequeño negocio para vender electrodomésticos y hacer reparaciones. Además de todos los trámites económicos y legales Uds. tienen que tomar muchas decisiones en cuanto a la localidad, la publicidad, el mobilario, etc. Un día Uds. discuten la cuestión del personal que van a emplear, una descripción de cada puesto y la tecnología necesaria para llevar a cabo la administración de la empresa. Según su presupuesto *(budget)*, pueden emplear a cuatro personas y comprar hasta 15 artículos. Tengan en cuenta el carácter de la empresa al escoger al personal y el equipo tecnológico. Cuando lleguen a un acuerdo, escriben la lista del personal y de los artículos en el cuadro.

Personal	Artículos de uso técnico

Estudiante A:

Debes decidir qué personas van a emplear y las responsabilidades de cada una. Rellena el cuadro con esta información.

recepcionista	contestar el téléfono, escribir cartas

Estudiante B:

Te encargas del equipo tecnológico. Haz una lista de lo que necesitan:

• teléfono

• computadora

• impresora

Usando el motor http://www.terra.com o el sitio http://www.espanol.officedepot.com, puedes buscar más información sobre lo que necesitan.

Respuestas

VOCABULARIO

CAPÍTULO PRELIMINAR

P-1 Opuestos
1. Buenas noches.
2. Hola.
3. Estoy muy bien (muy mal).
4. Hola.
5. Mal.

P-2 ¿Qué dices?
1. Hola, Carlos.
2. Buenas tardes, profesor.
3. Buenas noches.
4. Buenos días, Señora Hernández y Amalia.

P-3 ¿Cómo respondes?
1. Soy de…
2. Muy bien, gracias./Así, así./Estoy mal.
3. Bien, gracias. ¿Y tú?
4. Me llamo…

P-4 ¡A conocernos!
Answers will vary.

P-5 Los títulos personales
1. señora
2. señor/señora
3. señorita

P-6 ¡A presentarse!
Answers will vary.

P-7 Una fiesta
Cómo, De dónde, Quiénes, Cuál, cuál

P-8 Preguntas
1. ¿Cuál es tu número de teléfono?
2. ¿Cuántas mochilas hay?
3. ¿Cómo estás?
4. ¿Cómo te llamas?
5. ¿Quién es Ud.?
6. ¿Cómo son? ¿Son Uds. independientes?

P-9 Hacer preguntas
Answers will vary.

CAPÍTULO 1

1-1 Asociación
1. la profesora
2. la silla
3. la calculadora
4. las luces
5. la mesa

1-2 Dos salas de clase diferentes
1. En la sala 1, hay una pizarra con cinco tizas. En la sala 2, hay una pizarra con una tiza.
2. En la sala 1, hay dos bolígrafos. Hay cinco bolígrafos en la sala 2.
3. En la sala 1, hay un calendario en la pared. No hay calendario en la sala 2.
4. En la sala 2, hay un diccionario. No hay diccionario en la sala 1.
5. En la sala 1, hay un estudiante con una mochila. En la sala 2, hay seis estudiantes. No hay mochilas.
6. Hay diez escritorios en la sala 1. Hay seis escritorios en la sala 2.

1-3 Los colores de las cosas
1. verde
2. negro
3. blanco
4. anaranjado
5. amarillo

1-4 Los colores oficiales
1. anaranjado, negro
2. rojo, verde
3. blanco, rojo, azul
4. *Answers will vary.*

1-5 Lenguas
1. español
2. italiano
3. alemán
4. francés
5. inglés
6. ruso
7. japonés
8. portugués

1-6 Los cursos
1. historia
2. matemáticas
3. biología
4. derecho
5. básquetbol

1-7 Especialidades
1. economía
2. química
3. sicología
4. educación
5. medicina

1-8 Asociaciones
1. la biblioteca, la librería
2. la cafetería
3. el gimnasio
4. la sala de clase
5. la oficina
6. la residencia, la cafetería, la sala de clase

1-9 Personas y edificios de la universidad
1. Hay una profesora en la oficina.
2. Hay unos cuadernos y diccionarios en la librería.
3. Hay unos estudiantes en el gimnasio.
4. Hay unas oficinas en la universidad.
5. Hay una cafetería en el centro estudiantil.
6. Hay unos cuartos en los apartamentos.

CAPÍTULO 2
2-1 ¿Quiénes son ellos?
1. Es el hijo de mi hermano(a).
2. Es la mamá de mi madre o mi padre.
3. Es la hija de mis padres.
4. Es el hermano de mi mamá o mi papá.
5. Es el esposo de mi mamá o el hijo de mis abuelos.

2-2 Relaciones
1. c   4. b
2. d   5. a
3. e

2-3 Entrevista
Answers will vary.

2-4. Nacionalidad y lengua
1. Pedro es colombiano y habla español.
2. Hiroko es japonesa y habla japonés.
3. Inga e Hilda son alemanas y hablan alemán.
4. Francesca es italiana y habla italiano.
5. Los Gómez son costarricenses y hablan español.
6. Tú eres norteamericano(a) y hablas inglés.
7. Mrs. Smith es inglesa y habla inglés.
8. Daesung es coreano y habla coreano.
9. Li-feng es china y habla chino.
10. Los de Gaulle son franceses y hablan francés.

2-5 Amigos extranjeros
1. Beto es venelozano.
2. Adela y Berta son colombianas.
3. María es peruana.
4. Sara y Enrique son bolivianos.
5. José es argentino.
6. Juan es costarricense.

7. Ana es nicaragüense.
8. Fernando y Luis son puertorriqueños.
9. Beatriz es guatemalteca.
10. Cristina y Lucía son hondureñas.

CAPÍTULO 3
3-1 Deportes y pasatiempos
1. jugar al fútbol
2. jugar al béisbol
3. jugar el golf
4. tomar el sol
5. esquiar
6. sacar fotos

3-2 Actividades en el parque
1. ¿Qué hacen Andrés y Carlos? Nadan en el lago.
2. ¿Qué hacen Luisa y Soledad? Andan en bicicleta.
3. ¿Qué hacen Miguel y Marta? Patinan en línea.
4. ¿Qué hace Margarita? Corre.
5. ¿Qué hace un grupo de estudiantes? Juega vólibol.
6. ¿Qué hace el señor Martínez? Camina.

3-3 Lugares en el pueblo
1. ¿Adónde va la señora Torres? La señora Torres va a la iglesia.
2. ¿Adónde va la señorita Delgado? La señorita Delgado va a la plaza.
3. ¿Adónde va Ana? Ana va a la tienda.
4. ¿Adónde va la tía Marta? La tía Marta va a la oficina de correos.
5. ¿Adónde van los niños? Van a la piscina.

3-4 Asociaciones
1. la iglesia
2. el banco
3. el restaurante
4. el supermercado
5. la biblioteca (la librería)
6. el parque
7. la oficina de correos

3-5 Entrevista
Answers will vary.

CAPÍTULO 4
4-1 Dos cuartos diferentes
1. En A hay dos estantes con muchos libros. En B hay un estante con seis libros.
2. En A hay un escritorio con una lámpara y un radio. En B hay dos escritorios y una lámpara grande.

3. En A hay un tocador. En B hay dos tocadores y un espejo.
4. En A hay una alfombra, pero en B no hay una alfombra.

4-2 Actividades en la casa
Answers will vary.
1. Regamos las plantas en el jardín.
2. Jugamos con la pelota en el jardín.
3. Dormimos en el dormitorio.
4. Comemos en el comedor/la cocina
5. Charlamos con los amigos en la sala.
6. Cortamos el césped en el jardín.

4-3 Una casa famosa
Answers will vary.

4-4 ¿Qué es?
1. Es una aspiradora.
2. Es un lavaplatos.
3. Es una plancha.
4. Es un microondas.
5. Es una estufa.
6. Es una lavadora.
7. Es una secadora.
8. Es un refrigerador.

4-5 ¿Cómo ayudan estos electrodomésticos?
1. Sirve para limpiar la alfombra.
2. Sirve para planchar la ropa.
3. Sirve para cocinar la comida.
4. Sirve para poner la comida.
5. Sirve para lavar los platos.

4-6 ¿Qué cosas hago?
1. Sacamos la basura.
2. Pasamos la aspiradora en la alfombra.
3. Hacemos la cama.
4. Lavamos los platos.
5. Barremos el piso.
6. Lavamos la ropa.
7. Cortamos el césped.
8. Ponemos/Quitamos la mesa.

4-7 Entrevista
Answers will vary.

CAPÍTULO 5
5-1 ¿Qué partes del cuerpo usas?
1. las manos
2. la cabeza
3. las piernas y los pies
4. las orejas y los oídos
5. los ojos
6. la boca
7. los pulmones
8. la nariz
9. los dientes

5-2 ¿Dónde están?
1. La boca es parte de la cara (de la cabeza).
2. Los dedos son parte de la mano.
3. Las orejas son parte de la cabeza.
4. Las rodillas son parte de las piernas.
5. Los dientes son parte de la boca.
6. El pelo es parte de la cabeza.
7. Los codos son parte de los brazos.
8. Los tobillos son parte de los pies.

5-3 ¡Monstruosidad!
Answers will vary.

5-4 Entrevista
Answers will vary.

5-5 Las medicinas
1. Tiene que tomar jarabe.
2. Tiene que tomar pastillas o medicina para el catarro.
3. Tiene que tomar aspirina.
4. Tiene que tomar Pepto-Bismol (Dramamine).
5. Tiene que tomar antibióticos.

5-6 Asociaciones
1. la nariz, los pulmones, la garganta
2. la nariz, los ojos
3. el estómago, la cabeza
4. los pulmones

5-7 Juego: Repaso de vocabulario
Answers will vary.

CAPÍTULO 6
6-1 Definiciones
1. una manzana
2. el arroz
3. el helado
4. el pollo, el bistec
5. una banana
6. el queso
7. el té
8. el agua
9. los camarones
10. la papa
11. la sopa
12. el flan
13. el vino
14. el jamón
15. la cerveza (la Coca-Cola)
16. la naranja

6-2 Una dieta equilibrada
Answers will vary.

6-3 Juego
Answers will vary.

6-4 Una comida
Answers will vary.

6-5 ¿Qué palabra no pertenece al grupo?
1. cocinar
2. el camarero
3. picar
4. cenar
5. el cantante
6. el refresco
7. la Coca-Cola

6-6 Actividades en el restaurante
1. Pedir el menú.
2. Preguntarle al camarero por la especialidad de la casa.
3. Pedir la comida.
4. Decir: «¡Buen provecho!»
5. Dejar una buena propina.

6-7 La conversación del camarero y la cliente
CAMARERO:	pedir
CLIENTE:	especialidad
CLIENTE:	a dieta
CAMARERO:	apetece
CLIENTE:	cuenta

CAPÍTULO 7
7-1 ¿Qué llevan estas personas?
1. El hombre lleva un traje, una corbata, una camisa, un impermeable, un paraguas y zapatos.
2. La muchacha lleva un traje de baño y unas gafas de sol. El joven lleva unos pantalones cortos y unas gafas de sol.
3. La muchacha lleva una camiseta, unos jeans, unas botas y un sombrero.
4. La señora lleva una blusa, un suéter, una falda y zapatos.
5. El señor lleva un abrigo, unos guantes y una bufanda.
6. *Answer will vary.*

7-2 ¿Dónde te pones estas cosas?
1. Me pongo los aretes en las orejas.
2. Me pongo la gorra de béisbol en la cabeza.
3. Me pongo los pantalones en las piernas.
4. Me pongo el sombrero en la cabeza.
5. Me pongo las gafas de sol en los ojos.
6. Me pongo los calcetines en los pies.
7. Me pongo los guantes en los dedos (las manos).

7-3 Desfile de modas
Answers will vary.

7-4 Un almacén de ropa
TÚ:	algodón / lana, negro / azul
VENDEDOR:	algodón / lana, cuadros
TÚ:	probármelo
VENDEDOR:	cuero, negro
TÚ:	cuesta
VENDEDOR:	queda, rebajado

7-5 La tienda de los tesoros
H:	tarjeta de crédito, dependiente cheque, corbata, accesorios paraguas, medias
V:	descuento, estilo, talla ganga, gafas de sol, efectivo
D:	vestido, traje

CAPÍTULO 8
8-1 Sinónimos
1. portarse mal
2. hacer una fiesta
3. disfrazarse
4. asustarse/temer
5. gritar
6. llorar

8-2 Costumbres
Answers will vary. Possible (partial) answers include:
1. Nos ponemos un disfraz, pedimos dulces en las casas de los vecinos y amigos, damos fiestas, hay desfiles. Los colores de la fiesta son el negro y el anaranjado.
2. Hay desfiles y cohetes, hacemos picnics, ponemos la bandera norteamericana. Los colores son el rojo, el blanco, el azul.
3. Nos reunimos con la familia, comemos pavo, vemos fútbol americano en la televisión, hay un desfile grande en Nueva York (de Macy).
4. Hay desfiles en Nueva York, Boston, Chicago. La gente toma cerveza verde, lleva ropa verde, etc.
5. La gente celebra las tradiciones africanas, usa velas, prepara comida especial.

8-3 Bingo
Answers will vary.

Vocabulario: La playa y el campo
8-4 Identificaciones
1. hace camping
2. bucea (nada)
3. pasean en velero
4. se pone la crema bronceadora
5. se broncea (toma el sol)
6. hace esnórquel
7. corre las olas
8. pesca
9. hacen una parrillada
10. pasea en canoa
11. *Answers will vary.*

8-5 En la playa
traje de baño, playa, gafas de sol, crema bronceadora, tomar el sol, broncearse, correr las olas, olas, esquiar en el agua, pasear en velero, bucear, hacer esnórquel

8-6 Los pasatiempos
Answers will vary.

CAPÍTULO 9
9-1 ¿Qué hacen estas personas?
Answers will vary. Possible answers include:
1. El pasajero viaja.
2. La asistente de vuelo ayuda al pasajero. Sirve comida y bebidas.
3. El agente de la aduana revisa el equipaje y los pasaportes.
4. El agente de viajes vende boletos, reserva hoteles, etc.

9-2 ¿Para qué sirven estas cosas?
1. Para no estar atrasado o no perder el avión.
2. Para llevar la ropa.
3. Para abordar el avión.
4. Para identificar al pasajero.
5. Para ver afuera.
6. Para salir o entrar.
7. Para caminar a la puerta del avión.

9-3 Un día terrible en un hotel de San Juan
llave, cuarto, camas sencillas, cama doble, aire acondicionado, ascensor, baño privado, cómodos

9-4 Quejas
1. ¡No hicieron la cama! ¡El aire acondicionado no funciona!
2. ¡La llave de mi cuarto no sirve!

9-5 Entrevista
Answers will vary.

CAPÍTULO 10
10-1 ¿Qué palabra no pertenece?
1. el ramo
2. el divorcio
3. salir con
4. la cita
5. no gustar

10-2 El orden amoroso de la vida
1. conocer a una persona
2. la amistad
3. tener una cita
4. enamorarse
5. besarse
6. el noviazgo
7. conocer a los padres de tu novio(a)
8. el compromiso
9. mandar las invitaciones
10. la boda
11. la luna de miel

10-3 Encuesta
Answers will vary.

10-4 Asociación
1. el brindis
2. el banquete
3. los recién casados
4. agarrar
5. aplaudir
6. terminar

10-5 ¿Qué dices o qué haces?
1. «¡Felicitaciones!»
2. acompañar
3. asistir
4. aplaude
5. agarras

10-6 Preparaciones para la boda
Answers will vary.

CAPÍTULO 11
11-1 Asociación
1. el (la) banquero(a)
2. el (la) maestro(a)
3. un(a) programador(a)
4. un(a) peluquero(a)
5. un(a) periodista
6. un(a) dentista
7. el (la) cocinero(a)
8. el (la) plomero(a)
9. un(a) fotógrafo(a)
10. el (la) obrero(a)

11-2 Opiniones
Answers will vary.

11-3 Buscando trabajo
Answers will vary.
leer el anuncio, llenar solicitudes, mandar el currículum, tener una entrevista, llevarte bien con la persona que te entrevista, conocer las responsabilidades, preguntar por los beneficios, recibir una oferta, aceptar el puesto, comenzar a trabajar, conocer al jefe, trabajar, jubilarte

11-4 El mundo de los negocios
1. computadora
2. correo electrónico
3. despedir
4. pedir un aumento
5. jefe
6. currículum
7. puesto
8. sueldo
9. renunciar
10. beneficios
11. de tiempo completo
12. jubilarse
13.–15. sala de conferencias, informe, reunión

11-5 Cómo hacer negocios
1. c 5. f
2. g 6. d
3. e 7. a
4. b

11-6 Los opuestos
1. sacar
2. pagar con tarjeta de crédito
3. pedir prestado
4. de tiempo parcial

11-7 Preguntas personales
Answers will vary.

11-8 ¡Ayúdame!
1. Tienes que depositar $50.
2. CLAVE es una tarjeta que ofrece acceso a tu cuenta 24 horas al día a nivel nacional.
3. Sí, puedes pagar los servicios públicos con las dos cuentas.
4. Recibes interés de 6,5% en la cuenta de ahorros; debes depositar $300,00 en la cuenta corriente, y sólo $50,00 en la cuenta de ahorros. Tienes una Chequera Bancolat sin costo y un diseño personalizado ANCON con una cuenta corriente.

CAPÍTULO 12
12-1 Asociaciones
Answers will vary. Possible answers include:
1. el río, el océano, el lago, el arroyo
2. el rascacielos, el ruido, el tráfico
3. la finca, el campesino, la tierra

12-2 La geografía
1. océano   6. selva
2. catarata   7. finca
3. bosque   8. carreteras
4. río   9. metrópolis/ciudad
5. rascacielos 10. transporte público

12-3 La ciudad
Answers will vary.

12-4 ¿Qué piensas?
Answers will vary.

12-5 Entrevista
Answers will vary.

12-6 Verbos
1. conservar   5. explotar
2. reciclar   6. construir
3. proteger   7. desarrollar
4. contaminar   8. reforestar

12-7 Sinónimos
1. Destruimos
2. Hay escasez de
3. energía solar
4. petróleo
5. desperdicios
6. Los recursos naturales
7. hay contaminación

12-8 Opinión
Answers will vary.

12-9 Adivinar
1. culebra   5. oso
2. león   6. tigre
3. elefante   7. mono
4. pájaro   8. lobo

12-10 Categorías
Answers will vary.

12-11 Entrevista
Answers will vary.

CAPÍTULO 13
13-1 ¿Qué programa es?
1. Son programas de entrevistas.
2. Son dibujos animados.
3. Son programas de concursos.
4. Son películas del oeste.
5. Son funciones musicales.
6. Son programas de intriga.
7. Son de las noticias.
8. Son películas de aventura (ciencia ficción).

13-2 La televisión
1. dibujos animados
2. canales
3. telenovelas
4. película
5. noticias

13-3 Películas
Answers will vary.

13-4 Entrevista
Answers will vary.

13-5 Las películas
Answers will vary.

13-6 Tu programa favorito
Answers will vary.

13-7 Personas famosas
1. Es pintor y escultor.
2. Es cantante y actriz.
3. Es actriz.
4. Es cantante (de ópera).
5. Es escritor / dramaturgo / poeta.
6. Es poeta / escritor.
7. Es compositor / músico.

13-8 Definir
Answers will vary. Possible answers include:
1. Un(a) escultor(a) es una persona que esculpe o hace esculturas (de metal, de piedra, etc.).
2. Un(a) director(a) es una persona que dirige obras de teatro o películas.
3. Un(a) escritor(a) es una persona que escribe poemas, novelas, obras de teatro, ensayos.
4. Un actor (una actriz) es una persona que interpreta un personaje en un programa, una película o una obra de teatro.
5. Un bailarín (una bailarina) es una persona que baila.
6. Un(a) compositor(a) escribe música.
7. Un(a) dramaturgo(a) escribe obras de teatro.

13-9 Los papeles en un drama
ROBERTO LUIS: papel

CARMEN: protagonista

CARMEN: dramaturgo, héroe

ROBERTO LUIS: actriz

ROBERTO LUIS: actor

13-10 Personas y obras maestras
Answers will vary.

CAPÍTULO 14
14-1 La política
elecciones, partidos, republicano, campaña, votar elegir, Congreso

14-2 ¿Qué significa?
Answers will vary.

14-3 Transformaciones
1. apoyar
2. defender
3. discutir
4. firmar
5. gobernar
6. aprobar

14-4 Discusión
Answers will vary.

14-5 Definiciones
1. e
2. g
3. a
4. i
5. c
6. f
7. h
8. d
9. j
10. b

14-6 Preguntas personales
Answers will vary.

14-7 Las comunicaciones
periódico, informar, revistas, noticiero, Internet, prensa, reportajes, investigar, protestar

14-8 ¿Para qué sirven?
Answers will vary.

14-9 Familias de palabras
1. aumentar
2. eliminar
3. informar
4. investigar
5. protestar
6. reducir

CAPÍTULO 15
15-1 ¿Cuál no pertenece?
1. el control remoto
2. la antena parabólica
3. apagar
4. la videocasetera
5. el equipo
6. el disco compacto
7. la alarma

15-2 ¿Para qué sirven?
Answers will vary. Possible answers include:
1. El control remoto es un aparato que se usa para prender o apagar la televisión, o cambiar los canales.
2. El satélite es una antena para recoger señales para los canales.
3. El teléfono celular es un teléfono sin cable que sirve para hablar en cualquier sitio.
4. La videocasetera es una máquina que sirve para ver videos.
5. La antena parabólica sirve para recibir más canales en la tele.

15-3 Antónimos
1. desenchufar
2. apagar
3. desconectar
4. prender

15-4 ¿Tienes o no tienes?
Answers will vary.

15-5 Definiciones
1. g
2. d
3. f
4. e
5. c
6. b
7. a

15-6 Los pasos
1. conexión
2. guardar, disco duro
3. impresora
4. navegar la Red
5. portátil
6. abrir
7. teclado, ratón
8. página web

15-7 Preguntas personales
Answers will vary.

ESTRUCTURA Y ASÍ SE DICE

CAPÍTULO PRELIMINAR

P-1 Identificar
1. ellos
2. ella
3. él
4. nosotros
5. ellas
6. ellas
7. tú
8. Ud.
9. ellos
10. yo

P-2 Más pronombres
SR. FALCÓN:	Ellos, Él, ella
ANITA:	Ud., Ud.
SR. FALCÓN:	Yo
ANITA:	ella
SR. FALCÓN:	ella, yo, tú
ANITA:	Yo

P-3 ¿Quién es?
1. eres
2. es
3. soy
4. somos
5. es
6. son
7. son

P-4 Los invitados
CLAUDIA:	Son
SR. RAMÍREZ:	somos
CLAUDIA:	soy
SRA. RAMÍREZ:	es
CLAUDIA:	Soy
SR. RAMÍREZ:	Somos
CLAUDIA:	es

P-5 ¿Qué hay en mi clase?
Answers will vary.

P-6 ¿Qué no hay en mi clase?
Answers will vary.

P-7 ¿Cuántos(as) hay?
Hay cinco globos, trece pájaros, tres mujeres, un hombre, dos libros, cinco naranjas, dos niños, dos mochilas y cuatro perros.

P-8 Edades
1. Yo tengo _____ años.
2. Mi amiga tiene diecinueve años.
3. El señor Smith tiene veintidós años.
4. Ella tiene quince años.
5. Nosotros tenemos veintiún años.
6. Juan y Carlos tienen veintinueve años.
7. Uds. tienen trece años.

CAPÍTULO 1

1-1 Artículo
1. la, las lecciones
2. el, los exámenes
3. el, los hombres
4. el, los lápices
5. la, las pizarras
6. el, los mapas

1-2 En la sala de clase
un, una, unas, una, un, unos, unos

1-3 ¿Qué hay en el cuarto?
Answers will vary.

1-4 Más artículos
1. El, un
2. Los, una
3. La, un
4. La, una
5. Los, unos

1-5 Los pasatiempos
1. cantar; Ella canta.
2. comprar; Yo compro.
3. hablar; Nosotros hablamos.
4. hablar; Tú hablas por teléfono.
5. caminar; Ella camina.

1-6 Lugares y actividades
Answers will vary. Examples include:
1. tomo, hablo, como
2. trabaja, estudia, habla
3. descansamos, bailamos, hablamos
4. estudian, dibujan, hablan
5. compras, pagas, hablas

1-7 Entrevista
Answers will vary.

1-8 En la residencia
soy, estudio, tengo, trabaja, estudia, escucha, llegan, practicamos, miramos

1-9 A mí me gusta la variedad
Answers will vary.

1-10 Me gusta, no me gusta
Answers will vary.

1-11 Los relojes
1. Son las doce y diez de la noche.
2. Son las diez menos diez de la noche.
3. Son las doce menos cinco del día.
4. Son las cinco menos quince (menos cuarto) de la tarde.
5. Son las tres y media (y treinta) de la mañana.
6. Es la una y cuarto (quince) de la tarde.

1-12 Los días
Answers will vary.

CAPÍTULO 2
2-1 La familia
Mi, su, Mi, sus, Nuestra, Mis, sus, nuestra, su

2-2 La venta
1. Mi hermano vende sus mochilas.
2. Mis abuelos venden su reloj.
3. Mi tía vende su calculadora.
4. Nosotros vendemos nuestro pájaro.
5. Mi mamá vende sus diccionarios.
6. Yo vendo mi escritorio.
7. Tú vendes tu computadora.

2-3 Identificaciones
1. son
2. es
3. somos
4. soy
5. son
6. Son
7. es
8. es
9. eres
10. es

2-4 Opiniones
Answers will vary.

2-5 Descripciones
Answers will vary.

2-6 ¿Cómo son?
Answers will vary.

2-7 Mi hermana
asiste, cree, escribe, leen, comprenden, lee, recibe

2-8 ¿Quién hace estas cosas?
1. Mi abuelo come mucho.
2. Mis primas asisten al colegio.
3. Mi mamá escribe cartas.
4. Tú bebes café.
5. El esposo de la tía Marta aprende francés.
6. El gato debe comer.

2-9 Problemas en la familia
1. Tienen hambre.
2. Tiene sueño.
3. Tengo prisa.
4. Tiene éxito.
5. Tenemos sed.
6. Tiene razón.

2-10 Reacciones
Answers will vary.

2-11 Problemas de matemáticas
1. cincuenta y siete
2. sesenta
3. sesenta y cinco
4. cincuenta y tres
5. cuarenta
6. noventa

2-12 Números de teléfono
Answers will vary.

CAPÍTULO 3
3-1 Los gustos
Answers will vary.

3-2 Gustar + infinitivo
Answers will vary.

3-3 Entre amigos

CARLOS:	te
ANITA:	Me
CARLOS:	les
ANITA:	le
CARLOS:	nos

3-4 Contracciones

1. al, a la, a las
2. del
3. de, al, a las
4. del, de los
5. de los, de la

3-5 ¿Adónde van?

1. Ud. va a la tienda.
2. Tu papá y tu mamá van al supermercado.
3. Tú vas a la iglesia.
4. Yo voy al banco.
5. Nosotros vamos al cine.
6. Uds. van al restaurante.
7. Tú y tu novio(a) van a la plaza.

3-6 Carlota Martínez: atleta

soy, tengo, salgo, voy, hago, escucho, conozco, sé, tomo

3-7 Preguntas personales

Answers will vary.

3-8 ¿Qué verbos usas?

1. S 2. C 3. C 4. S 5. S 6. C

3-9 A personal

1. a 2. x 3. a 4. x 5. x

3-10 Personas famosas

Answers will vary.

3-11 Crucigrama

Horizontales

1. junio
2. otoño
3. abril
4. noviembre
5. septiembre
6. verano
7. febrero

Verticales

1. agosto
2. octubre
3. invierno
4. marzo
5. primavera
6. mayo
7. julio
8. enero

3-12 ¡Feliz cumpleaños!

Answers will vary.

3-13 Actividades

Answers will vary.

CAPÍTULO 4

4-1 Una salida

pueden, queremos, puedo, prefiero, tengo, tiene, puede, vamos, sirven, dice

4-2 Preguntas

1. ¿A qué hora comienza?
2. ¿Cuándo vuelven Marta y tú a la universidad?
3. ¿Por qué no puedes salir?
4. ¿A qué restaurante prefieren ir? (¿Qué restaurante prefieren?)
5. ¿Dónde almuerzas todos los días?
6. ¿Cuándo (Qué día) cierran la biblioteca?
7. ¿Con quién juegas al básquetbol?
8. ¿A qué hora vienes a clase?
9. ¿Qué (lengua) sigues estudiando?
10. ¿Qué entiendes en español?
11. ¿Cuántas horas duermes?
12. ¿A quiénes les pides una computadora? (¿Qué pides a tus padres?)

4-3 Reacciones

1. Tengo miedo.
2. Tengo frío.
3. Tengo calor.
4. Tengo sueño.
5. Tengo prisa.
6. Tengo hambre.
7. Tienes razón, Mamá.
8. ¿Tienes celos?
9. Debes tener paciencia.
10. Tengo sed.

4-4 Problemas y soluciones

1. b 4. e
2. d 5. c
3. f 6. a

4-5 La lámpara de Aladino

Answers will vary.

4-6 Nuevo apartamento

Answers may vary.

4-7 ¡Qué desastre de casa!

Answers may vary.

1. ¡Limpia el baño!
2. ¡Barre el piso!
3. ¡Lava los platos!
4. ¡Quita la mesa!

4-8 ¿Dónde están?

Answers will vary or

1. La lámpara está encima del escritorio.
2. El espejo detrás de la puerta.
3. La plancha está al lado del sofá.
4. La tostadora está entre los platos.
5. El despertador está debajo de la cama.

4-9 Reacciones de la familia

1. está preocupada
2. estoy triste furioso(a)
3. Está furiosa.
4. estamos contentos(as)
5. está contento (preocupado)
6. está enfermo
7. está desordenado
8. estoy aburrido(a)
9. estoy ocupado(a)

4-10 El presente progresivo

1. El abuelo está quitando cosas (platos) de la mesa en el comedor.
2. El hijo está cortando el césped en el jardín.
3. La hija está durmiendo en el dormitorio o cuarto.
4. La mamá está limpiando en el comedor.
5. La abuelita está planchando en la cocina.

4-11 ¿Qué está haciendo la familia García?

1. está mirando
2. están durmiendo
3. está regando
4. está cerrando
5. está barriendo
6. estamos leyendo
7. está estudiando
8. están trayendo
9. estoy haciendo

4-12 ¿Qué están haciendo los vecinos?

1. están haciendo, están lavando
2. está haciendo, está pasando
3. está comiendo, está comiendo
4. estás durmiendo, estoy planchando
5. están leyendo, estamos leyendo

4-13 Los cheques de María Rosa

1. quince de enero; ciento sesenta y un euros
2. diecinueve de enero; ciento setenta y cinco euros
3. veintitrés de enero; cincuenta y cinco euros

4-14 ¿Cuánto cuesta?

1. dos cientos veintisiete mil ocho cientos veinticuarto euros
2. treinta y ocho mil quinientos dólares
3. diecisiete mil quinientos euros
4. mil trescientos dólares
5. mil novecientos noventa y nueve dólares
6. novecientos ochenta y siete dólares

4-15 Vamos de compras en la Red

Answers will vary.

CAPÍTULO 5
5-1 La rutina en casa

1. nos despertamos
2. afeitarte, afeitarme
3. se peinan, nos peinamos
4. se levantan, nos levantamos
5. se ducha, se ducha
6. acostarme

5-2 La familia García

1. Jorge se despierta en el dormitorio.
2. Patricia se maquilla y Elena se viste en el dormitorio.
3. Jorge se cepilla los dientes en el baño.
4. El padre se despide de la madre en la puerta.
5. Patricia se quita la ropa y Elena se acuesta en el dormitorio.

5-3 Antes y después
1. Acaba se levantarse y va a bañarse o ducharse.
2. Acaba de peinarse y va a maquillarse.
3. Acaba de ponerse el termómetro y va a tomar la medicina.
4. Acaba de afeitarse y va a lavarse la cara.
5. Acaba a toser y va a tomar el jarabe.

5-4 Adivinanzas
1. Acaba de hablar.
2. Acaba de escuchar.
3. Acaba de cepillarse los dientes.
4. Acaba de caminar.
5. Acaba de mirar.
6. Acaba de escribir.

5-5 La visita de los primos
estás, estoy, son, están, son, son, es, es, estar, son

5-6 Los problemas de Alberto
es, son, son, son, están, están, Son, está, está, está, está, está, Estás, está, está, está

5-7 Consultorio
ENFERMERA: esta
DOCTOR: Esos
ENFERMERA: estas
DOCTOR: ese, aquella
ENFERMERA: aquellos
DOCTOR: Este

5-8 En la farmacia
SR. MOTA: esto
EMPLEADO: Esto
SR. MOTA: eso
EMPLEADO: Eso

5-9 En el centro de salud
1. Quiero éste (aquél).
2. Prefiero ésta (ésa).
3. Deseo éste (aquél).
4. Prefiero pagar con ésta (aquélla).

CAPÍTULO 6
6-1 Comparativos
1. más, que
2. menos, que
3. más, que
4. tan, como
5. menos, que

6-2 Más comparaciones
1. Tomás tiene el pelo más corto que Sofia y Marcos.
2. Sofia y Marcos son más altos que Tomás. (Tomás es más bajo que Sofia y Marcos.)
3. Sofia es mayor que Tomás y Marcos. Tomás es menor que Marcos y Sofia.
4. Sofia tiene tantos discos compactos como Marcos. Tomás tiene más discos que Sofia y Marcos.
5. Sofia y Marcos estudian más que Tomás. Tomás estudia menos que ellos.

6-3 ¿Qué sabes?
1. El jugo es el más dulce (la bebida más dulce).
2. La fruta es la más nutritiva.
3. El almuerzo (la cena) es el (la) más grande.
4. Doña Matilde es la mayor.
5. _____ es el mejor.
6. _____ es el peor.

6-4 Preguntas personales
Answers will vary.

6-5 ¿Qué le pasó a Miguel?
Ayer, almorcé; jugué, toqué, pasamos, volví, miré, leí, me acosté; Ayer, me levanté; me bañé, desayuné, salí, tomé, llegué, llamé, contestó, volví, me senté, comencé

6-6 El comelón de Memo
trabajó, regresó, conversó, cenó, preparó, comió, terminó, bebió, tomaron, preguntó, comentó, desayunó, almorzó, explicó, jugó

6-7 ¿Qué pasó?
1. Esta mañana Julio comió primero y luego visitó a su hija Susana.
2. Ayer Julio pidió una Coca-Cola, pero su papá le sirvió jugo.
3. Anteayer Gloria se divirtió tanto con su hijo, que el niño se durmió rápidamente cuando se acostó.
4. El jueves pasado cuando Julio consiguió sus papas fritas, se sonrió.
5. El lunes Julio se sintió triste cuando se despidió.

CAPÍTULO 7

7-1 ¿Cómo es?
Answers will vary.

7-2 ¿De quién es la ropa?
1. ¿De quién es la camiseta? ¿Es de la abuela? Sí, es suya.
2. ¿De quién es la corbata? ¿Es de Tomás? Sí, es suya.
3. ¿De quién son los calcetines? ¿Son de papá? No, no son suyos; son de Tomás.
4. ¿De quién son los trajes de baño? ¿Son de las hermanas gemelas? Sí, son suyos.
5. ¿De quién es la falda? ¿Es tuya? No, no es mía; es de Teresa.

7-3 La carta: la primera impresión
fue, se puso, me puse, Fuimos, pedí, pidió, pagó, dejó, decidimos, dije, se puso fuimos, hablamos, hicimos

7-4 Las compras
Answers will vary.

7-5 En la tienda
las, las, los, Los, los, Los

7-6 Diferentes conversaciones
1. lo tengo
2. lo compres porque...
3. Sí, la voy a llevar. /(No, no voy a llevarla./ No, no la voy a llevar.)
4. las puedo poner / puedo ponerlas
5. la vamos a ver... / vamos a verla
6. la pagué

7-7 Los recuerdos
1. Hacía sol.
2. Era(n) la(s)...
3. La familia estaba en la playa.
4. La madre llevaba un traje de baño.
5. El padre bebía Coca-Cola. Era moreno.
6. La pareja se sentía feliz.
7. Tenía...
8. Sí, había otras personas. Caminaban por la playa.

7-8 Antes y ahora
Answers will vary.

CAPÍTULO 8

8-1 El interrogatorio
1. Qué, Cuál
2. Qué
3. Cuál
4. qué
5. Qué
6. Cuál
7. Qué
8. Qué
9. qué
10. Cuáles

8-2 Las vacaciones
1. ¿Adónde vamos?
2. ¿Cómo se llama?
3. ¿Quiénes van?
4. ¿Cuándo salimos?
5. ¿Cuánto tiempo vamos a estar?
6. ¿Cómo vamos?
7. ¿Cuánto cuesta?
8. ¿Cuál es el plato típico?
9. ¿Qué vamos a hacer?
10. ¿Para qué sirve la crema bronceadora?

8-3 Recuerdos de la Costa del Sol
llegamos, hacía era, Fuimos, fue, hicimos, pusimos, nadamos, estaba, cambiamos, tomamos, había, se enamoró, dio

8-4 Las aventuras de Juan
iba, llevaban, movían, enfermaba, hacía, se ponían, tenían, regresaban pescaban, empezó, se puso, dijo, dejó, regresaron, estaban, tenían

8-5 Cuentos cortos
1. Eran las diez de la noche, y hacía mucho frío cuando mi amigo Juan tocó a mi puerta. Yo le abrí y me dijo: «Trick or treat». Yo me reí porque él llevaba un disfraz de Drácula. Yo llevaba un vestido negro y un sombrero del mismo color, como de bruja.
2. Era una tarde muy bonita de verano. Hacía calor. La familia Rodríguez decidió hacer un picnic en el parque. Mientras los padres estaban comiendo, los niños jugaban con la pelota. De repente, el padre oyó un ruido muy fuerte y vio un cohete que cruzaba el cielo. Los niños, al ver el cohete, se pusieron muy contentos y el padre les explicó qué era este objeto que iba hacia las nubes.

3. Marta estaba estacionando su coche en el garaje cuando se dio cuenta de que algo andaba mal. La puerta del garaje estaba abierta, las luces de la casa estaban apagadas. Durante unos minutos, ella se preguntó si debía entrar o no, o si debía ir a la policía. Finalmente, decidió entrar a la casa. Estaba muy nerviosa: le temblaban las piernas y el corazón le palpitaba muy rápido. Toda la casa parecía diferente. Estaba desorientada. De repente escuchó un ruido en la sala y otro en la cocina. Las luces se encendieron y todo el mundo cantó: «Cumpleaños feliz...».

8-6 El aguafiestas
1. Para la Navidad o la Janucá no recibo nada de mis padres.
2. El cuatro de julio, no viene nadie.
3. Nunca voy a hacer esnórquel.
4. Mis amigos y yo nunca vamos a acampar al lado del río.
5. Tampoco quiero ir al baile.
6. No vamos ni a la fiesta ni a la discoteca.

8-7 Eventos intereresantes
Answers will vary.

8-8 En Guatemala
Dates will vary.
1. ¿Hace cuánto tiempo que estudias español?
   Hace _____ que estudio español.
2. ¿Hace cuánto tiempo que conoces a tu familia guatemalteca? Hace _____ que conozco a mi familia guatemalteca.
3. ¿Hace cuánto tiempo que asistes a la universidad?
   Hace _____ que asisto a la universidad.
4. ¿Hace cuánto tiempo que vives aquí? Hace _____ que vivo aquí.
5. ¿Hace cuánto tiempo que hablas con acento guatemalteco? Hace _____ que hablo con acento guatemalteco.

8-9 Respuestas
Dates will vary.
1. Hace... que hice un brindis.
2. Hace... que cumplí años.
3. Hace... que me disfracé.
4. Hace... que me reuní con mis amigos.
5. Hace... que fui a una fiesta sorpresa.

CAPÍTULO 9
9-1 ¿A quién?
1. le   4. le   7. le
2. les   5. te
3. nos   6. Me

9-2 Cosas que hiciste en el hotel
1. Julio les escribió una tarjeta postal a sus amigos.
2. El camarero le sirvió la cena a la familia.
3. El recepcionista le explicó las instrucciones a Carmen.
4. Carmen le pidió la llave al recepcionista.
5. Tú me prometiste tomar el metro.
6. El recepcionista nos preguntó a nosotros cuándo salimos.
7. Carmen les mandó la tarjeta por correo a sus amigos.
8. Julio te recomendó ir a pie a la playa.

9-3 ¿Cómo lo haces?
Answers will vary. Possible answers include:
1. Se los prefiero pagar....
2. Sí, se la llevo....
3. Sí, se las escribo.
4. Sí, nos lo factura.
5. Sí, me lo llevan.
6. Sí, me lo explica.

9-4 Entrevista
Answers will vary. Possible answers include:
1. Sí, se las escribo.
2. Sí, se los compro.
3. Sí, se las doy.
4. No, no se las hago.
5. No, no se la pido.
6. Sí, se lo doy.

9-5 En el cuarto del hotel
1. Están a la izquierda.
2. Están delante de la ventana.
3. Está entre las camas.
4. Está en la mesa, y detrás del teléfono.
5. Está en la pared, cerca de (a la izquierda de) la ventana.
6. Está a la derecha.

9-6 Direcciones
Answers will vary.

9-7 Una gira por la ciudad
1. No suban el equipaje; pónganlo detrás de la puerta.
2. No se quejen; acepten todo como es.
3. No lleguen tarde a la estación del tren; lleguen a tiempo.
4. No tomen el metro; vayan en coche.
5. No crucen la calle; doblen en la esquina.

9-8 Mandatos
1. Haga reservaciones de avión para el grupo. (Hágalas.)
2. Recoja las maletas del grupo. (Recójalas.)
3. Pida varios taxis. (Pídalos.)
4. Llame al restaurante.
5. Pare en la terminal de buses.

9-9 Nuevas reglas
1. No vayas al avión.
2. No subas las maletas.
3. No vengas a mi oficina.
4. No pidas el pasaporte.
5. No factures el equipaje.
6. No pongas el boleto en la mesa.
7. No llenes los documentos.
8. No salgas por el pasillo.
9. No seas el (la) asistente de vuelo.
10. No recojas el equipaje de mano.

CAPÍTULO 10
10-1 Los preparativos de una boda
has hecho, He estado, Has visto, he recibido, he mandado, ha tenido, he estado

10-2 Después del compromiso
1. Nosotros hemos hecho la lista de invitados.
2. Tía Luisa y Juan han comprado las flores.
3. Papá ha visto tocar a la orquesta antes.
4. Yo he dicho qué detalles no debemos olvidar.
5. Mis hermanos han puesto las invitaciones en el correo.
6. Tú has traído el ramo de la novia.

10-3 Entrevista sobre las relaciones
Answers will vary.

10-4 ¿Qué hacen?
Answers will vary.

10-5 Malas relaciones
Answers will vary.

10-6 La pareja ideal y la dispareja
Answers will vary.

10-7 ¿Cómo es un(a) buen(a)amigo(a)?
1. cuidadosamente (seriamente)
2. inmediatamente
3. rápidamente (inmediatamente)
4. cuidadosamente, lógicamente (seriamente)
5. cortésmente

10-8 La luna de miel
1. Los itinerarios estaban organizados perfectamente.
2. El viaje terminó felizmente después de cinco días.
3. La pareja esperó la comida en el restaurante pacientemente.
4. Los novios caminaban por la playa inmediatamente después de la cena.
5. Los empleados del hotel se comunicaron fácilmente con ellos.
6. Los recién casados durmieron frecuentemente hasta muy tarde durante el viaje.
7. En el hotel, ellos recibieron información constantemente de los tours que había en la ciudad.

10-9 Preparativos del novio
Primero, Luego, Después, Entonces, finalmente

10-10 Preguntas personales
Answers will vary.

10-11 El misterio
1. que	6. que
2. Lo que	7. que
3. que	8. lo que
4. quien	9. quien
5. Lo que	

10-12 ¿Quién es?
Answers will vary.

CAPÍTULO 11

11-1 ¿Quién de la clase?
Answers will vary, but the correct preposition for each sentence is

1. para
2. por
3. para
4. por
5. para
6. por, para
7. por
8. para
9. por
10. para

11-2 Categoría
1. categoría: voluntad
2. categoría: duda
3. categoría: emoción
4. categoría: duda
5. categoría: emoción

11-3 El indeciso
Answers will vary.

11-4 Permisos y prohibiciones
Answers will vary.

11-5 Una vida sana
1. lógico
2. no es lógico; El médico piensa que mi hermana no hace bastante ejercicio.
3. lógico
4. lógico
5. no es lógico; Mi hermana no puede comer mucho helado.

11-6 Recomendaciones
Answers will vary.

11-7 Las expectativas de la educación
Answers will vary.

11-8 Conflictos
Answers will vary.

CAPÍTULO 12

12-1 Preocupaciones de la familia
1. trabajen, siembren
2. haga
3. lleven
4. vayan, vean
5. hable
6. haya
7. arroje

12-2 Problemas en el ambiente
Answers will vary. Possible answers include:
1. Es necesario que la gente use el transporte público (no use los carros, no haga más construcciones).
2. Es bueno que la gente no arroje basura a la calle.
3. Es importante que los jóvenes no lleven armas de fuego.
4. Es mejor que te levantes temprano.
5. Es posible que la gente viva fuera de la ciudad.

12-3 Ojalá
1. Ojalá que haya agua potable.
2. Ojalá que no se acabe.
3. Ojalá que no se explote más petróleo porque no hay más recursos.
4. Ojalá que la gente recicle más latas de aluminio.
5. Ojalá que no se destruyan más bosques.
6. Ojalá que los gobiernos resuelvan sus problemas políticos.
7. Ojalá que alguien quiera estudiar ecología.
8. Ojalá que el agua no esté contaminada.

12-4 Opinión
Answers will vary.

12-5 Dudas o no dudas
Answers will vary.

12-6 Entrevista
Answers will vary.

12-7 Repaso
Answers will vary. Possible answers include:
1. No es cierto que (dudo que)
2. Es imposible que / ridículo que
3. Creo que
4. tiene miedo (de) que
5. Dudo que / Es imposible / Es importante
6. Dudo que
7. Tengo miedo (de) que / Dudo que
8. Creo que
9. Me alegro (de) que / Ojalá / Es importante
10. Es ridículo que

12-8 Sueños
1. sea
2. tenga
3. haya
4. sea
5. eduquen, enseñen

12-10 Ideales
Answers will vary.

CAPÍTULO 13

13-1 Conjunciones que siempre requieren subjuntivo
S sin que – without
P para que – so that
A a menos que – unless
C con tal (de) que – provided that
E en caso (de) que – in case

13-2 Planes problemáticos
1. sepan   4. cancele
2. aburra   5. deje
3. haga

13-3 ¿Qué dices?
Answers will vary.

13-4 Adverbios y expresiones adverbiales de tiempo
C cuando – when
H hasta que – until
A antes de que – before
T tan pronto como – as soon as
D después de que – after

13-5 Visita al Ecuador
llegue, muestre, explique, quiera, despida, vaya

13-6 Conversación
Tan pronto como, con tal (de) que, En caso de que, para que, Aunque, Después de que

13-7 Amigos
1. me iba / esté
2. supo, sepa
3. vi, vea
4. llovió, llueva
5. fuimos, gane

13-8 Entrevista
Answers will vary.

13-9 Futuras vacaciones
Answers will vary.

13-10 No es culpa mía
1. A Paloma se le rompió la escultura.
2. A mí se me escapó el perro.
3. A nosotros se nos olvidó la tarea.
4. A ellos se les perdieron los boletos.
5. Al músico se le cayó el violín.

13-11 Traducción
1. Se nos acabaron los libros para la clase.
2. Se me rompieron las gafas.
3. ¿Se te (le) olvidaron las llaves?
4. Se les perdió la tarjeta de crédito en el cajero automático.
5. Se le cayeron los libros.

13-12 Repaso
1. descubierto   7. muerto
2. dicho   8. puesto
3. roto   9. cubierto
4. visto   10. resuelto
5. vuelto   11. hecho
6. escrito

13-13 En el teatro
1. La cortina fue abierta.
2. Los diálogos fueron dichos por los actores.
3. La obra fue escrita por el dramaturgo.
4. El secreto fue descubierto por el protagonista.
5. Los problemas fueron resueltos.
6. Sus esculturas fueron puestas en el escenario por una escultora.
7. La obra fue vista por doscientas personas.

13-14 Las cosas acabadas
1. La verdad está dicha.
2. Los poemas están escritos.
3. La pierna está rota.
4. La película está hecha.
5. Las luces están apagadas.
6. Los libros están devueltos.

CAPÍTULO 14

14-1 El reportaje
1. diré   6. podrá
2. pondrá   7. sabrá
3. hará   8. querré
4. vendrán   9. saldremos
5. tendremos 10. Habrá

14-2 En contraste
Answers will vary.

14-3 Un acto terrorista
1. ¿Quién será?
2. ¿Cuántos años tendrá?
3. ¿Cómo será?
4. ¿Por qué estará haciéndolo?
5. ¿Habrá explosiones todas las noches?

6. ¿Dónde explotará otro carro?
7. ¿Otras personas dirán algo?
8. ¿Otras personas verán algo?
9. ¿El criminal saldrá de otro carro?

14-4 Respuestas al acto terrorista
Answers will vary.

14-5 ¿Cómo reaccionarías?
1. Aumentaría el número de soldados y armas. Defendería al pueblo. Tendría paciencia.
2. Eliminaría las drogas. Reduciría el crimen. Informaría a los jóvenes sobre los riesgos de las drogas.
3. Diría la verdad. Haría debates. Propondría nuevas leyes.
4. Evitaría la huelga. Sabría lo que hacen mis empleados. Saldría a visitar otras compañías.

14-6 Reacciones en situaciones personales
1. Dormiría.
2. Comería.
3. Haría dieta y/o ejercicios.
4. Pagaría.
5. Le diría algo a la policía.
6. Discutiría la situación con ellos.
7. Iría o protestaría.
8. Ayudaría a la gente a reconstruir su casa.

14-7 Circunstancias hipotéticas
1. hablaría, diría, me sentiría
2. pediría, trataría, aprendería
3. lloraría, gritaría, buscaría
4. me enojaría, discutiría, iría, estudiaría

14-8 Puntos de vista diferentes
1. haya firmado
2. haya reducido
3. hayan protestado
4. hayan hecho
5. hayan dicho
6. hayan visto
7. hayan investigado

14-9 Las dudas y esperanzas
Answers will vary.

CAPÍTULO 15
15-1 Cosas del pasado
1. guardaras
2. comprara
3. leyera
4. perdiera
5. navegaran
6. imprimiera

7. hicieran
8. funcionara
9. conectáramos, prendiéramos

15-2 Noticias
Answers will vary.

15-3 La clase de informática
Answers will vary.

15-4 Sé educado
1. Quisiera saber el precio de la cámera. / ¿Pudiera decirme el precio de la cámera?
2. Quisiera hablar con el dueño.
3. ¿Pudiera traerme un disquete?
4. No debieras comprar esta marca de disquetes.
5. ¿Quisieras salir conmigo esta noche?

15-5 Repaso del subjuntivo
1. compre
2. tuviera
3. estuviera
4. es
5. vendieran
6. sepa
7. abra
8. viniera
9. guarde
10. hiciera
11. usaran

15-6 Si estuvieras en Uruguay
1. Si estuviera en Uruguay, comería la comida típica.
2. Si estuviera en Uruguay, hablaría español.
3. Si estuviera en Uruguay, viajaría por todo el país.
4. Si estuviera en Uruguay, compraría cosas de cuero.
5. Si estuviera en Uruguay, sacaría fotos de varios lugares.
6. Si estuviera en Uruguay, haría amigos uruguayos.
7. Si estuviera en Uruguay, aprendería la historia del país.
8. Si estuviera en Uruguay, iría a una fiesta patronal.

15-7 Sueños de amigos
PATRICIA: harías
MARTHA: viajarías
PATRICIA: gustaría, Podría
MARTHA: saldríamos
PATRICIA: iríamos
MARTHA: Tomaríamos

15-8 Soñar no cuesta nada
Answers will vary.

ENCUENTRO CULTURAL

CAPÍTULO PRELIMINAR
P-1 Reuniones
Answers will vary.

P-2 ¿Tú o Ud.?
1. tú
2. tú
3. Ud.
4. Ud.

P-3 Los saludos
1. Shake their hands.
2. Return the hug and kiss your friend's cheek.
3. Shake your friend's hand.

CAPÍTULO 1
1-1 Los Hispanos en los Estados Unidos
1. Texas, Arizona, New Mexico, California, Illinois
2. New York
3. Florida
4. Puerto Ricans
5. *Answers will vary.*

1-2 La educación en América Latina y España
1. liceo, bachillerato, instituto, escuela secundaria, secundaria
2. take "la oposición" (a competitive exam)
3. Most students live with their parents, in boarding houses, or in private homes. There are few dormitories.
4. In Latin America, the program is very structured; there are few electives.

1-3 ¿Qué significan?
1. high school
2. technical school
3. electives
4. boarding houses
5. elementary school
6. degree

1-4 El sistema de 24 horas
1. F 2. V 3. V 4. F 5. F

CAPÍTULO 2
2-1 Una tarjeta de invitación
1. Aguilar Vázquez
2. Rafael C. Aguilar y Ana María Vázquez de Olmos
3. Son sus tíos.
4. Vázquez
5. papitos, Mommy and Daddy
6. 1 month (mes)

2-2 Fiesta de matrimonio
1. Se llaman Jairo Serna Moreno y Teresa Saldarriaga de Serna.
2. Es el señor Luis Gómez Domínguez.
3. Señor Gómez

2-3 La familia
1. María Teresa Narváez [de] Nieto
2. Pablo Nieto Narváez
3. Una familia hispana, Los abuelos y otros parientes viven con ellos frecuentemente.

CAPÍTULO 3
3-1 Los deportes
1. a   3. c
2. c   4. b

3-2 El café colombiano
1. Por llevarle la imagen del café de Colombia al mundo.
2. fuerte aroma, frescura y sabor
3. las oficinas, los hogares
4. *Answers will vary.*
5. *Answers will vary.*

CAPÍTULO 4
4-1 La vivienda en el mundo hispánico
1. Los factores son la región, el clima, la posición económica y el gusto.
2. Se llama la planta baja.
3. Porque no hay mucho espacio.
4. *Answers will vary.*

4-2 Gaudí
1. Barcelona
2. una iglesia; no está completa
3. Porque murió.
4. la casa Milá
5. Está hecho de piedra.
6. Exhibiciones y actividades culturales.
7. *Answers will vary.*

4-3 ¿Cierto o falso?
1. C 2. C 3. F 4. C 5. C 6. F

CAPÍTULO 5
5-1 Las consecuencias de la altura en La Paz
1. Son ciudades muy altas.
2. Empezar a subir a un nivel intermedio por dos o cuatro días, y descansar antes de subir más. También beber mucho líquido.
3. Dolor de cabeza, insomnio, náuseas, debilidad y el jadeo.
4. A las veinticuatro horas después de subir, pero a veces más tarde.
5. No, desaparecen entre uno a siete días.

6. aspirina
7. la coca
8. Sirve para aliviar el dolor de la cabeza, y para mitigar el hambre, el cansancio y la sed.

5-2 Compara los usos de estas hierbas
Origen
La coca: *países andinos*; El mate: Paraguay, Uruguay, Argentina; La stevia: Paraguay
Usos
La coca: *aliviar el dolor de cabeza, el mareo, etc.*; El mate: té, para las alergias, la bronquitis, el asma, el dolor de cabeza, la indigestión, la pérdida de peso; La stevia: té, remedio natural para el resfriado, la gripe; para aliviar la fiebre, la tos, el dolor de garganta y alergias
Países en que se consume
La coca: *Bolivia, Perú, Ecuador*; El mate: Paraguay, Uruguay, Argentina (y otros países); La stevia: Paraguay

5-3 Medicinas

1. b   2. a   3. b

CAPÍTULO 6
6-1 La comida venezolana
1. c   5. c
2. b   6. b
3. c   7. c
4. b   8. c

6-2 Preguntas personales
Answers will vary.

CAPÍTULO 7
7-1 Comparación
Answers will vary.
For Buenos Aires:
Número de habitantes: 11 milliones
Descripción de la ciudad: elegante y de mucha actividad, contraste entre edificios modernos y antiguos, rincones encantadores
Objetos artesanales: de la pampa: artículos de cuero (tallados)
Boutiques elegantes: el Barrio Recoleta

7-2 Preguntas personales
Answers will vary.

7-3 Artículos de ropa

1. b 2. e 3. d 4. a 5. c

7-4 El tango en Buenos Aires
Answers will vary.

CAPÍTULO 8
8-1 Santo Tomás de Chichicastenango
el centro comercial
a 87 millas de la ciudad de Guatemala
El mercado se lleva al cabo el jueves y el viernes.
la Iglesia Santo Tomás
La gente prende velas y ofrece flores a las almas de los muertos.
La gente ora y quema incienso; es una mezcla de ritos católicos y paganos.
el monasterio de Santo Domingo
Allí se encontró el Popul-Vuh.
Es el libro sagrado de los mayas.

8-2 El Arzobispo Óscar Romero
1. Fue asesinado.
2. Defendía los derechos humanos.
3. Martin Luther King, 1968.
4. Considerar al arzobispo muerto como santo.
5. Sí, era un santo mártir que murió por una causa noble. No, hay que esperar más tiempo para declararlo un santo (canonizarlo).

CAPÍTULO 9
9-1 ¿Cierto o falso?
1. C   2. C   3. F   4. C
5. C   6. C   7. F   8. C
9. C   10. C

9-2 Preguntas
Answers will vary.

CAPÍTULO 10
10-1 ¿Cierto o falso?

1. F   2. C   3. F   4. C   5. C

10-2 Preguntas
1. Son más formales y tienen que esperar a que se consiga dinero suficiente.
2. una religiosa, otra civil
3. No. Son menos formales.

10-3 Preguntas personales
Answers will vary.

CAPÍTULO 11
11-1 Preguntas
1. el océano Pacífico
2. La construcción del canal de Panamá duró siete años.
3. Los norteamericanos construyeron el canal.
4. El canal une el océano Pacífico y el océano Atlántico.

5. Produjo más trabajos e ingresos para Panamá.
6. Panamá controla el canal. (Los panameños controlan...).
7. Jimmy Carter era presidente de los Estados Unidos....
8. Panamá era parte de Colombia.
9. *Answers will vary.*
10. *Answers will vary.*

CAPÍTULO 12

12-1 Las riquezas naturales
Paisaje: montañas, ríos, costas, volcanes, selvas
Flora: orquídeas, árboles, plantas
Fauna: insectos, mariposas, quetzales, perezosos, aves

12-2 Reservas biológicas de Costa Rica
Monteverde
la flora: orquídeas, 2.000 especies de plantas
la fauna: jaguares, ocelotes, quetzales, 120 especies de reptiles y anfibios
Tortuguero
la flora: muchas especies de plantas
la fauna: la tortuga verde, seis especies marinas de tortuga, muchos animales, como el manatí, el cocodrilo

12-3 Preguntas personales
Answers will vary.

CAPÍTULO 13

13-1 El cine latinoamericano
1. b   3. c
2. c   4. c

13-2 Comparación de pintores
Oswaldo Guayasamín
Edad en que empezó a pintar: siete años
Nacionalidad: ecuatoriano
Temas: la gente que sufre, los desamparados y los inocentes
Técnica: retratos hechos al óleo
Nombre de una obra: El camino del llanto
Otro(a) pintor(a)
Answers will vary.

CAPÍTULO 14

14-1 Régimen militar
Augusto Pinochet
Identificar a los personajes: comandante en jefe del ejército
Vida, actividad política: derrocó a Allende; fue dictador por diecisiete años, cometió muchas violaciones de los derechos humanos
Tu opinión: Answers will vary.
Salvador Allende
Identificar a los personajes: presidente: fue elegido constitucionalmente por el gobierno
Vida, actividad política: fue asesinado durante el golpe de estado organizado por Pinochet
Tu opinión: Answers will vary.

14-2 Reacciones
Answers will vary.

CAPÍTULO 15

15-1 Las telecomunicaciones en Uruguay
1. b   2. b   3. b   4. a   5. c

15-2 En la palma de la mano
1. a   2. b

¡A LEER!

CAPÍTULO PRELIMINAR
P-1 Preguntas
1. Se llama Carlos Mejilla.
2. Es 331 02 15.
3. La profesora Cecilia Cervantes tiene correo electrónico.
4. Daniel Restrepo es músico y es de la Cuidad de México/de México.
5. (Su apellido) es Montaña.
6. Es Avenida del Libertador, número 1807, Ciudad de México.

CAPÍTULO 1
1-1 Preguntas
1. Carlos Pérez y Julia Álvarez
2. Maricarmen Tamayo
3. Maricarmen Tamayo
4. a Maricarmen Tamayo
5. a Marta López

1-2 Cognados
1. economy
2. basketball
3. television
4. family
5. to visit

CAPÍTULO 2
2-1 Ojeada
1. Jaramillo Castillo
2. inteligentes y simpáticos
3. tenis

2-2 Otra vez
1. esposo
2. hermanos
3. padres
4. sobrinos
5. hermana
6. tía

CAPÍTULO 3
3-1 Conocimiento básico
Answers will vary.

3-2 Predicciones
Answers will vary.

3-3 Contexto
1. la organiza la U. Católica.
2. el campeonato ecuestre
3. en la escuela militar
4. el tenis.

CAPÍTULO 4
4-1 Clasificados en España
1. El baño en el estudio es completo y de mármol, y el apartamento, está completamente renovado. En el estudio, no se permiten animales.
   El apartamento tiene un dormitorio y un garaje. El estudio tiene climatización, un portero, una piscina y ascensores, pero el apartamento tiene una terraza con vista a la ciudad.
2. El apartamento cuesta más.
3. El apartamento está cerca de la Universidad.
4–5. *Answers will vary.*

CAPÍTULO 5
5-1 Completar
1. una bebida y una ofrenda para los dioses
2. amargo y dulce
3. una tradición, un sentimiento y un símbolo de amistad
4. curativas y dañinas
5. teñir ropas y para la preparación de cosméticos, aceites y helados
6. un refresco hecho con la yerba mate

5-2 Sufijos
actualmente, generalmente, tradición, preparación, infusión

CAPÍTULO 6
6-1 Antes de leer
1. la preparación de la carne mechada
2. Let's eat. (We are going to eat.)

6-2 Ojeada
1. ¡Qué rica la carne mechada!
2. *Answers will vary.*
3. con arroz blanco y caroatas negras

6-3 Otra vez
1. falda (*flank steak*)
2. cuarenta y cinco minutos
3. *to separate*

CAPÍTULO 7
7-1 Transfondo
Answers will vary.

7-2 Otra vez
1. Fue anoche en el Country Club.
2. Participaron diseñadores famosos.
3. las faldas cortas y las camisas de algodón
4. El blanco y el negro por ser colores fáciles de combinar.

5. camisetas de algodón y pantalones claros
6. el vestido negro de seda con bufanda y sombrero de ala ancha

CAPÍTULO 8

8-1 Raíces y significado *(Roots and meaning)*
generar to generate generación generation
celebrar to celebrate celebración celebration
interpretar to interprete interpretación
interpretation

8-2 Otra vez
1. Es una tradición muy antigua que ha permanecido en la cultura hispana a través de muchas generaciones.
2. Se usan para ganarse el amor y la simpatía de la mujer amada.
3. la marimba
4. Aprendió con los cubiertos y con pequeños palitos en las mesas y en las sillas.
5. *Answers will vary.*

CAPÍTULO 9

9-1 Ojeada
1. Cruceros Fantasía
2. a San Juan, Cozumel y La Habana
3. a Aguadilla (Puerto Rico), La Habana y Santo Domingo

9-2 De nuevo
1. el 4° y el 5°. pasajeros
2. todas las comidas, espectáculos y multiples entretenimientos
3. El Crucero Fantasía viernes, y Crucero Sol sale el lunes.
4. por un mes

CAPÍTULO 10

10-1 Anuncios
Títulos: Despedida de soltera, Aniversario, Matrimonio
Palabras clave: agasajada, té, familiares, amigos; celebrando bodas, Luis F. Aguirre, Patricia Martínez de Aguirre, familiares, amigos; bendijo la unión, salón de fiestas, felicitados por invitados, menú, luna de miel a Cartagena

10-2 Ojeada
1. la señorita Pérez Durán
2. Su mejor amiga, Marta Lucía Torres, le ofreció el té.
3. Es su aniversario de bodas.
4. El padre García Tamayo bendijo el matrimonio.
5. La recepción fue en el Salón de Fiestas.
6. Van a ir a la ciudad de Cartagena.

10-3 Otra vez
1. la fiesta por el matrimonio próximo a realizarse
2. el día del aniversario de la pareja
3. el matrimonio religioso de Marcela Malaver Guzmán y Luis Alberto Salazar

CAPÍTULO 11

11-1 Contexto
1. b 2. c 3. e 4. d 5. a

11-2 Responde
1. para la empresa internacional
2. Gloria es la persona que busca amas de casa.
3. en el primer anuncio (vendedores)
4. Puede ganar de $200 a $500 por semana.

11-3 Opiniones
Answers will vary.

CAPÍTULO 12

12-1 Conocimiento
Answers will vary.

12-2 Preguntas
Answers will vary.

12-3 Opinión
Answers will vary.

CAPÍTULO 13

13-1 Ordenar
1. 20h00   El vuelo del intruso
2. 20h40   The Arrangement
3. 21h30   Tarzán and the Lost City
4. 23h00   Loco por Mary
5. 23h20   Una nota de amor

13-2 Otra vez
1. Una nota de amor
2. Tarzan and the Lost City y El vuelo del intruso
3. Loco por Mary
4. The Arrangement

13-3 Opiniones
Answers will vary.

CAPÍTULO 14

14-1 Preguntas
1. el paralizar temporalmente varios de los mayores sitios del Internet
2. un joven norteamericano de dieciséis años de edad
3. Yahoo!, eBay, Amazon.com, E-Trade, fueron las víctimas

14-2 Otra vez
1. Tendrá un castigo de hasta quince años de prisión y una multa de $ 50.000 dólares.
3. Las compañías las recibieron.
4. Porque los funcionarios de las compañías no le informaron a la policía.

14-3 Opiniones
Answers will vary.

CAPÍTULO 15
15-1 Antes de leer
Answers will vary.

15-2 Ojeada
1. la obesidad
2. robots y diferentes aparatos
3. mapas con las rutas más rápidas
4. la máquina holográfica

15-3 ¿Cierto o Falso?
1. Cierto.
2. Falso.
3. Falso.

15-4 Opiniones
Answers will vary.

JUEGOS

CAPÍTULO PRELIMINAR
Word Search

CAPÍTULO 1
Preguntas y respuestas
1. c   8. m
2. j   9. a
3. k   10. l
4. i   11. f
5. b   12. d
6. e   13. g
7. n   14. h

CAPÍTULO 2
Arriesgarse
Verbos:
Yo tengo tres perros.
Ellos creen en Santa Claus.
Nosotros asistimos a la universidad.
Tú aprendes español.
Yo soy chino.
El escucha rock.
Mi amiga vende el libro.
Uds. comen mucho.
La familia:
El hermano de mi mamá es mi tío.
El papá de mi mamá es mi abuelo.
La hija de mi hermana es mi sobrina.
El nuevo esposo de mi mamá es mi padrastro.
El hijo de mi hijo es mi nieto.
La madre de mi mamá es mi abuela.
El padre de mi esposo es mi suegro.
El hermano de mi esposa es mi cuñado.
Los adjetivos:
pobre
tonto
feo
tacaño
casado (divorciado)
delgado
bajo
malo
Nacionalidades:
Ellos son de Puerto Rico. Son puertorriqueños.
Ella es de Guatemala. Es guatemalteca.
Yo soy de Francia. Soy francés(esa).
Nosotros somos de Costa Rica. Somos costarricenses.
Juan es de Nicaragua. Es nicaragüense.
Tú eres de Uruguay. Eres uruguayo(a).
Uds. son de España. Sois españoles.
El es de los Estados Unidos. Es estadounidense (norteamericano).

CAPÍTULO 3
Los chismes
Answers will vary.

CAPÍTULO 4
Acorazado

e→i	e→ie	o→ue / u→ue
servir	empezar	almorzar
seguir	comenzar	dormir
pedir	pensar	jugar
decir	cerrar	volver
	entender	poder
	tener	
	venir	
	querer	
	preferir	
	perder	
	regar	

tú
¿Puedes hablar francés? ¿Juegas al tenis?
¿Duermes ocho horas? ¿Prefieres café?
la profesora
¿Puede hablar francés? ¿Juega al tenis?
¿Duerme ocho horas? ¿Prefiere café?
Rosa y Luis
¿Pueden hablar francés? ¿Juegan al tenis?
¿Duermen ocho horas? ¿Prefieren café?
nosotros
¿Podemos hablar francés? ¿Jugamos al tenis?
¿Dormimos ocho horas? ¿Preferimos café?

CAPÍTULO 5
Repaso de todo el vocabulario
Answers will vary.

a: afeitarse, acostarse, acabar de, aspirina, antibiótico, alergia

b: boca, brazos, bañarse, Bolivia

c: cara, codos, corazón, cuello, cabello, cuidarse, cepillarse los dientes, cuidarse, catarro, congestionado

d: dedos, dedos de los pies, dientes, despertarse, dormirse, ducharse, dolor

e: estómago, espalda, enfermero, enfermedad, enfermarse, estornudar, examinar, estar enfermo, estar sano

m: medicina, mareado, maquillarse

o: oído, ojos, orejas

p: piel, piernas, pies, pelo, pulmones, pastilla, paciente, Paraguay

r: rodillas, receta, resfrío, resfriarse

s: secarse, sala de emergencia, sala de espera, sentirse (bien/mal), síntoma

t: tobillos, tos, tener fiebre, tener dolor de cabeza, tener gripe, tomar la temperatura

CAPÍTULO 6
Círculos mágicos
Answers will vary.

CAPÍTULO 7
El viaje del año
Answers will vary.

CAPÍTULO 8
Bingo
Answers will vary.

Respuestas y preguntas
1. ¿Qué comes en una fiesta de cumpleaños?
2. ¿Qué hay el cuatro de julio?
3. ¿Cuándo es el Día de las Brujas?
4. ¿Qué comida se come el Día de Acción de Gracias?
5. ¿Qué es Navidad (Janucá)?

CAPÍTULO 9
Charadas
Answers will vary.

Adivina la dirección
Answers will vary.

CAPÍTULO 10
Arriesgarse
Verbos: El presente perfecto

10 puntos: he escrito
20 puntos: ha hecho
30 puntos: ha muerto
40 puntos: han visto
50 puntos: han vuelto
60 puntos: has dicho
70 puntos: ha leído
80 puntos: han ido

Las relaciones sentimentales (traducir)

10 puntos: una cita
20 puntos: el cariño
30 puntos: los novios
40 puntos: la amistad
50 puntos: agarrar
60 puntos: salir con
70 puntos: romper con
80 puntos: la flor

Adverbios (traducir)

10 puntos: a veces
20 puntos: solamente (sólo)
30 puntos: entonces
40 puntos: dos veces
50 puntos: después (luego)
60 puntos: primero
70 puntos: casi
80 puntos: otra vez

La boda y la recepción

10 puntos: el ramo
20 puntos: el brindis
30 puntos: el banquete
40 puntos: la orquesta
50 puntos: los recién casados
60 puntos: luna de miel
70 puntos: divorciarse
80 puntos: compromiso

CAPÍTULO 11
Dibuja y adivina
Answers will vary.

Por versus **para**
1. con a
2. con j
3. con m
4. con k
5. con g
6. con o
7. con c
8. con f
9. con n
10. con e
11. con i
12. con h
13. con l
14. con b
15. con d

CAPÍTULO 12
Arriesgarse
El reino animal

10: el león
20: el elefante

30: el oso
40: el lobo
50: la culebra

La conservación y la explotación

10: el petróleo
20: destruir
30: el desperdicio
40: la ecología
50: la energía solar

Geografía rural y urbana

10: un campesino, un agricultor
20: el mar o el océano
30: regar
40: las carreteras
50: la selva

Subjuntivo/Indicativo

10: es
20: haga
30: venga
40: vayan
50: tenga

Adivinanzas

1. el río
2. el pez
3. el gato
4. la cebolla

CAPÍTULO 13
Crucigrama
Horizontal
2. para que
4. tan pronto como
5. en caso de que
6. después de que
8. sin que
11. aunque
12. fotógrafo
13. pintor
14. noticias

Vertical
1. con tal de que
3. a menos que
4. telenovela
7. dramaturgo
9. canal
10. canción

CAPÍTULO 14
Arrebato verbal
Answers will vary.

CAPÍTULO 15
Guerra de familias
Answers will vary.